COLLECTION **MAGELLAN**

Histoire
Géographie

CE2

CYCLE 3

conforme aux nouveaux programmes

Sous la direction de

Sophie Le Callennec
Professeur d'histoire-géographie

Jacques Bartoli
Professeur certifié d'histoire-géographie à l'IUFM de Créteil

Olivier Cottet
Inspecteur de l'Éducation nationale

Françoise Martinetti
Professeur agrégée d'histoire, chargée de cours à l'IUFM de Nice

Laurence Rolinet
Professeur d'histoire-géographie, formatrice au CFP Emmanuel Mounier

HATIER

au centre de ce livret, un cahier détachable contenant les corrigés de tous les exercices

TABLE D'ILLUSTRATION

6h	ph © BNF/Archives Hatier
6b	ph © Georg Gerster/Rapho
9a	ph © J.Oster/Coll. Musée de l'Homme, Paris
9b	MAN de Saint Germain en Laye ph © J.G. Berizzi/RMN
9c	ph © RMN
9d	ph © Hatala/Coll. Musée de l'Homme, Paris
9e	ph © Coll. Musée de l'Homme, Paris
9f	Musée Ladevèze/Le Mas d'Azil ph © Blot/RMN, Paris
9g	ph © Gérard Blot/RMN
13	ph © J. Oster, Coll. Musée de l'Homme
14	ph © J. Vertut
16	ph © Fanny/Gamma
17h	St Germain en Laye, MAN ph © Jean Schormans/RMN
17m	St Germain en Laye, MAN ph © Josse
17b	ph © Musée National de Zurich
21g	ph © Josse
21mg	St Germain en Laye, MAN ph © RMN
21mb	ph © Josse
21md	ph © B. Hatala/Coll Musée de l'Homme, Paris
21d	ph © B. Hatala/Coll Musée de l'Homme, Paris

Conception Frédéric Jély
Mise en page Prête-moi ta plume
Illustrations Bruno Le Sourd, Amélie Veaux
Impression Normandie Roto Impression s.a.s.

© HATIER PARIS JUIN 2002 – ISBN : 2-218-73712-4 - Dépôt légal : 23580 - avril 2004 - N° d'impression 04-0751

SOMMAIRE

HISTOIRE

1 Se repérer dans le temps

2 La Préhistoire

3 L'Antiquité

GÉOGRAPHIE

1 Le monde

2 Les paysages français

1 HISTOIRE
Se repérer dans le temps

LEÇON 1 La mesure du temps

A | Réponds aux questions.

1. Combien y a-t-il de jours dans une année ? ________

Combien y a-t-il de semaines ? ________

Combien y a-t-il de mois ? ________

2. Combien y a-t-il de jours dans un mois ? ________

3. Combien y a-t-il de jours dans une semaine ? ________

4. Combien y a-t-il d'années dans un siècle ? ________ dans un millénaire ? ________

5. Combien de jours y a-t-il dans une année bissextile ? ________

Quelle est la prochaine année bissextile ? ________

B | Écris les durées de la plus courte à la plus longue :
heure, siècle, année, mois, millénaire, jour, semaine, minute.

____

____

____

LEÇON 2 La date

A | Écris les nombres suivants en chiffres romains.

3 = ________	4 = ________	6 = ________	7 = ________
12 = ________	20 = ________	19 = ________	14 = ________
18 = ________	13 = ________	21 = ________	24 = ________

B | Pour chacune des dates, écris en chiffres romains à quel siècle elle appartient.

1789 appartient au ________ siècle

1944 appartient au ________ siècle

1848 appartient au ________ siècle

1492 appartient au ________ siècle

632 appartient au ________ siècle

52 av. J.-C. appartient au ________ siècle av. J.-C.

3 Les calendriers

Complète le texte en choisissant parmi les mots suivants :
naissance, 1er janvier, calendrier, grégorien, 31 décembre.

Un __________ est un système qui permet de découper le temps et de se repérer dans son déroulement. Le calendrier __________ compte le temps à partir de la __________ de Jésus, en l'an 1. L'année commence le __________ et se termine le __________.

4 La frise chronologique

A | Complète la frise chronologique ci-dessous.

1. Colorie l'Antiquité en jaune, le Moyen Âge en vert, les Temps modernes en rouge et la Période contemporaine en bleu.

2. Écris dans les cartouches roses les dates qui marquent le passage d'une période à l'autre : 1492, 476 et 1789.

3. Écris sur la ligne, au bon endroit, les dates suivantes :

1848 632 1944 1125 800 1515 125.

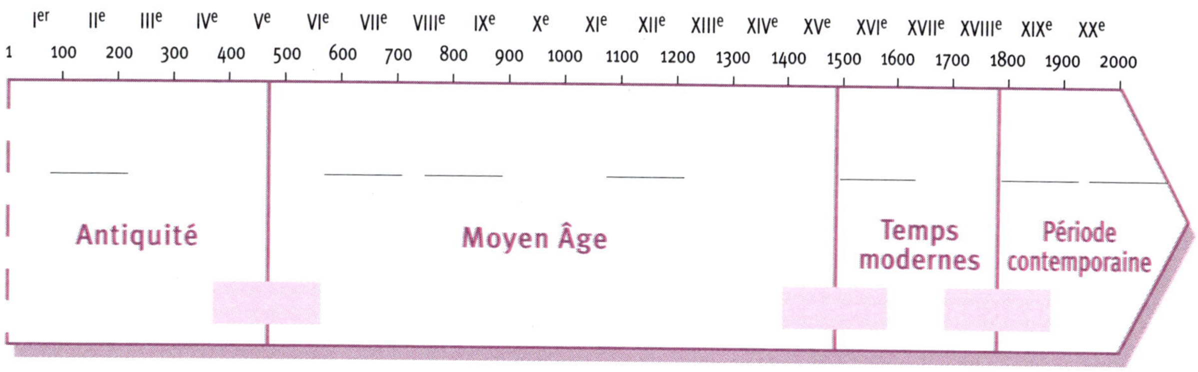

B | Réponds aux questions.

1. Sur la frise chronologique, quelle période est la plus longue ? __________

____

Combien de temps a-t-elle duré ? __________

2. Dans quelle période sommes-nous actuellement ? __________

____

Combien de temps cette période a-t-elle déjà duré ? __________

____

LEÇON 5

Des sources variées

A | Réponds aux questions concernant cette pièce de monnaie romaine, vieille de 2100 ans.

1. De quel type de source s'agit-il : *vestige, source orale ou source écrite* ?

2. Donne un titre à ce document :

3. Cite une information qu'elle fournit à propos des bateaux romains de cette époque ?

B | Réponds aux questions concernant ce théâtre, construit en France il y a 2000 ans.

1. De quel type de source s'agit-il : *vestige, source orale ou source écrite* ?

2. Donne un titre à ce document :

3. Cite une information que ces vestiges fournissent à propos des loisirs des habitants de la France à cette époque ?

Les Gaulois ne supportent pas de voir leurs enfants en public tant qu'ils ne sont pas en âge de porter les armes. C'est un déshonneur pour un fils, tant qu'il est enfant, de se présenter dans un lieu public devant son père.

D'après Jules César, 52 av. J.-C.

C | Réponds aux questions concernant ce texte.

1. De quel type de source s'agit-il : *vestige, source orale ou source écrite* ?

2. Donne un titre à ce texte :

3. Souligne dans le texte l'information essentielle qu'il fournit à propos des Gaulois du Ier siècle av. J.-C.

2 HISTOIRE
La Préhistoire

LEÇON 1 Les vestiges et le travail des archéologues

A | Trouve et écris la définition des mots suivants.

1. des vestiges : ______________________________

____

2. un archéologue : ______________________________

____

B | Remets les activités des archéologues dans l'ordre en les numérotant de 1 à 6.

____

[a] Ils effectuent des fouilles.

____

[b] Ils interprètent ce qu'ils ont découvert.

____

[c] Les archéologues repèrent un site riche en vestiges.

____

[d] Ils dégagent délicatement les vestiges.

____

[e] Ils quadrillent le terrain pour situer les découvertes.

____

[f] Ils reconstituent les vestiges.

L'origine de l'humanité

A | **Relie chaque espèce humaine à la signification de son nom.**

Homo erectus	•	•	homme habile
Homo sapiens	•	•	homme sage
Homo habilis	•	•	homme debout

B | **Place ces espèces sur la frise chronologique : les *Australopithèques*, apparus il y a 3,3 millions d'années ; les *Homo habilis*, apparus il y a 2 millions d'années ; les *Homo erectus*, apparus il y a 1,6 million d'années et les *Homo sapiens*, apparus il y a 100 000 ans.**

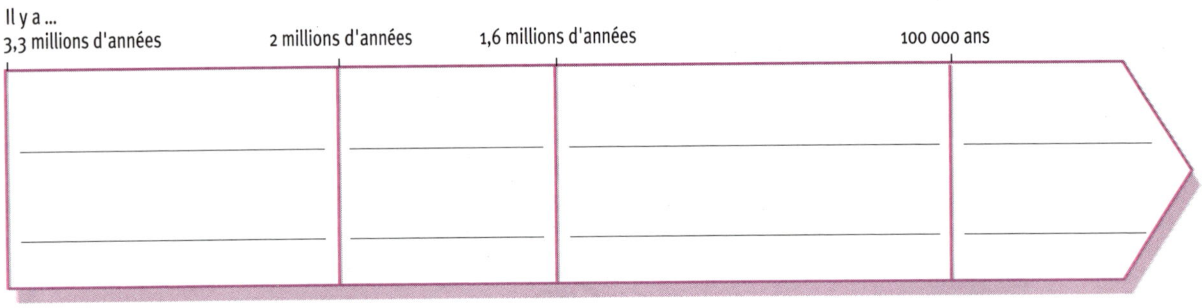

C | **Réponds aux questions.**

1. À quelle espèce humaine appartiennent les hommes d'aujourd'hui ? ____________________

____

2. Parmi les activités suivantes, souligne celles que les humains maîtrisent et qu'aucun animal ou très peu d'animaux sont capables de faire :

marcher debout	*boire*	*fabriquer des outils*
dessiner	*dormir*	*construire une habitation*
siffler	*manger*	*monter dans les arbres*
écrire	*voir la nuit*	*raconter une histoire*

3. Les Australopithèques ne savaient pas parler, mais ils utilisaient des outils simples et étaient bipèdes (ils marchaient debout). À ton avis, étaient-ils plus proches des animaux ou plus proches des êtres humains ? (Justifie ta réponse).

____

____

____

____

____

____

LEÇON 3

Les premiers outils

A | Écris son nom sous chaque objet, en t'aidant des reconstitutions et en choisissant dans la liste suivante : *biface, harpon, propulseur, racloir, poignard, sagaie, flèche.*

a ______________________

b ______________________

c ______________________

d ______________________

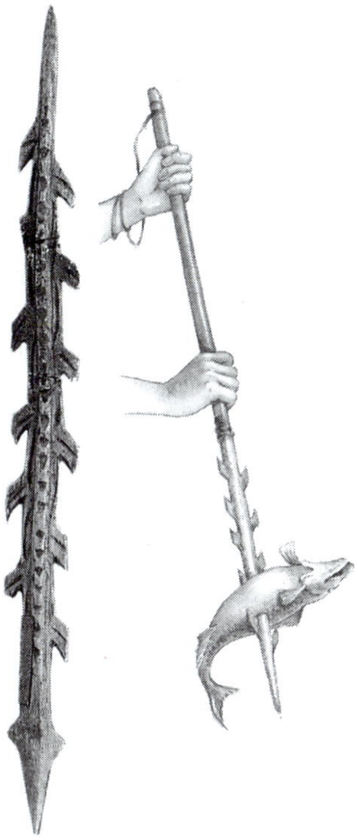

e ______________________

f ______________________

g ______________________

B | Sur les reconstitutions, colorie les manches et les parties que l'on n'a pas retrouvées.

LEÇON 4

La maîtrise du feu

A | Trouve et écris la définition du mot suivant :

un foyer : ______________________________

____

B | Décris en deux ou trois phrases cette manière de faire du feu.

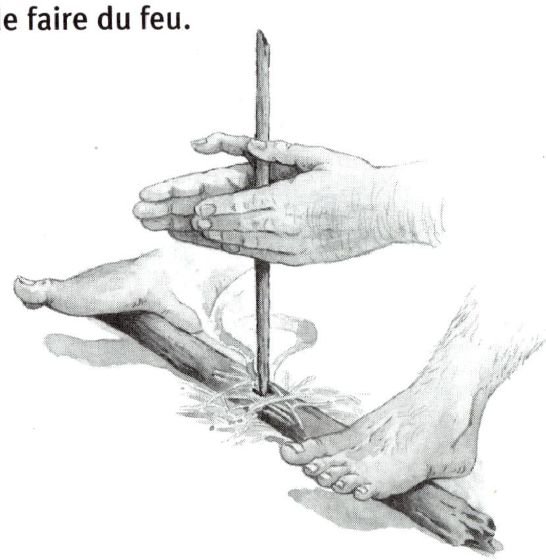

____

____

____

____

____

____

____

C | Écris vrai ou faux après chacune de ces phrases.

1. Le feu permet d'attirer les bêtes sauvages pour les capturer plus facilement. __________
2. Le feu fournit de la lumière et permet aux hommes de s'éclairer. __________
3. Le feu favorise la solitude des hommes car chacun a son propre feu. __________
4. Le feu permet de cuire les aliments mais leur donne un mauvais goût. __________
5. Le feu contribue à la fabrication d'outils en pierre. __________
6. Le feu fournit la chaleur nécessaire pour résister au froid. __________
7. En tuant les germes, le feu rendait la viande moins comestible. __________

D | Complète la frise chronologique en écrivant :

Premiers hommes vers -3 millions d'années et *feu* vers -400 000 ans.

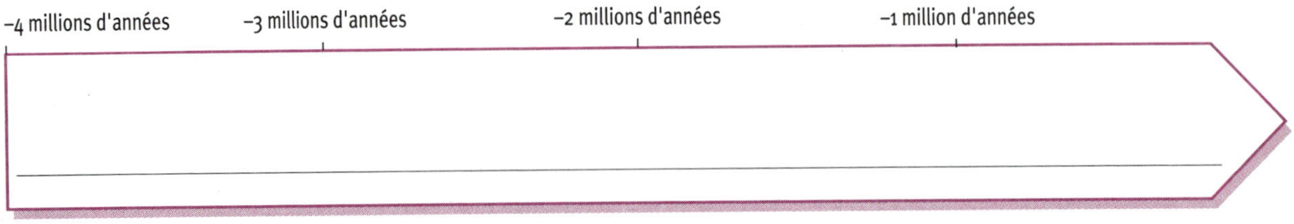

D'après cette frise chronologique, quelle période a duré le plus longtemps : celle durant laquelle les hommes de la Préhistoire maîtrisaient le feu ou celle durant laquelle ils ne connaissaient pas le feu ? (Justifie ta réponse) ______________________________

____

____

LEÇON

5 La vie des premiers hommes

A | D'après les outils préhistoriques, trouve et souligne les activités des hommes du Paléolithique (aide-toi des outils de la page 8).

chasser	*téléphoner*	*fabriquer des outils en métal*
écrire	*conduire des voitures*	*fabriquer des poteries*
pêcher	*manger de la viande*	*racler des peaux d'animaux*
faire du feu	*élever des animaux*	*fabriquer des outils en plastique*
faire la guerre	*manger du poisson*	*fabriquer des outils en pierre*
couper du bois	*manger des sandwichs*	*cultiver des champignons*

B | Parmi les aliments suivants, entoure ceux que les hommes préhistoriques mangeaient. Écris sous chaque aliment comment ils se les procuraient : par la ***chasse***, par la ***pêche*** ou par la ***cueillette***.

a ______________

b ______________

c ______________

d ______________

e ______________

f ______________

g ______________

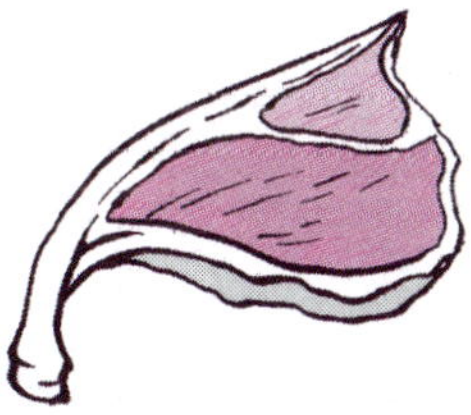

h ______________

i ______________

j ______________

k ______________

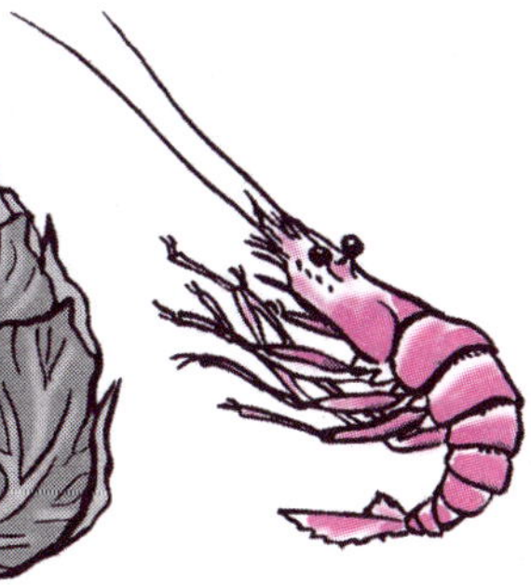

l ______________

m ______________

n ______________

o ______________

C | Complète le texte en choisissant parmi les mots suivants :
tentes, peaux, huttes, nomades, abris sous roche, groupes, branchages, gibier.

1. Les hommes de la Préhistoire vivaient en petits ________________ .
Ils se déplaçaient sans cesse pour suivre le ________________ :
ils étaient ________________ .

2. Durant les nuits d'hiver, ils se réfugiaient dans des ________________
________________ .

3. Au printemps, ils suivaient les troupeaux dans d'autres régions et construisaient alors
des ________________ provisoires en ________________
et des ________________ en ________________ .

D | Complète le fléchage en écrivant au bon endroit les propositions suivantes :
hutte en branchages, pêche à la sagaie, découpage du gibier, tente en peaux, retour de chasse, maîtrise du feu.

LEÇON
6 Les premiers habitants de la France

A | Lis le texte et cherche dans un dictionnaire la signification des mots soulignés. Reporte-les au bon endroit sur la photographie.

Ce crâne retrouvé à Tautavel en 1971 appartient à un chasseur du Paléolithique âgé d'une vingtaine d'années. Voici la description qu'en a fait Henry de Lumley, l'archéologue qui l'a découvert.

Ses orbites, larges et profondes, sont surmontées par un gros bourrelet. Les pommettes sont saillantes. La voûte du crâne est basse et allongée, le front est fuyant.

D'après Henry de Lumley, 1971.

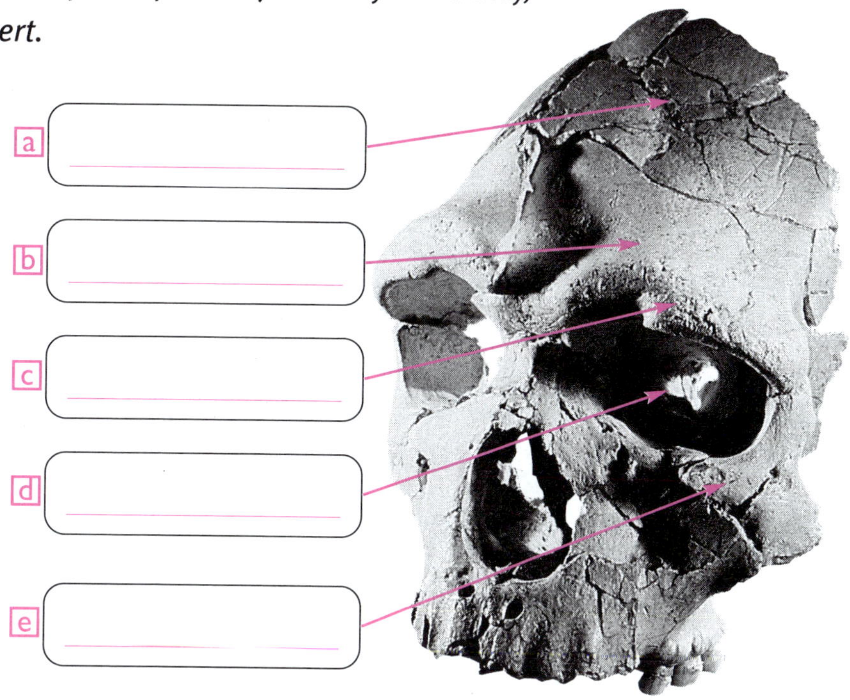

B | Écris vrai ou faux après des phrases suivantes.

À propos des hommes de Tautavel, l'étude de ce crâne permet aux savants de connaître :

1. la forme du visage : ____________
2. la couleur de leurs yeux : ____________
3. la taille de leur cerveau : ____________
4. la couleur de leur peau : ____________
5. la forme de leur nez : ____________
6. quelle langue ils parlaient : ____________

C | Sur la chronologie, écris le nom des hommes préhistoriques ayant vécu en France : les hommes de *Tautavel* (apparus vers -450 000 ans), les hommes de *Néandertal* (apparus vers -100 000 ans) et les hommes de *Cro-Magnon* (apparus vers -35 000 ans).

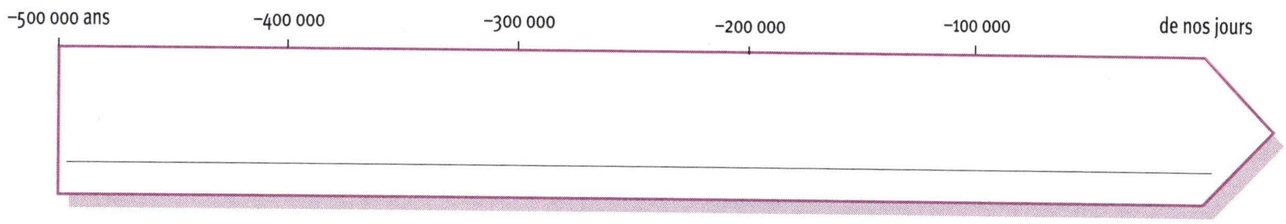

LEÇON 7

Les peintures pariétales

A | Observe cette peinture de Lascaux : quel animal correspond à chaque lettre ?

Choisis dans la liste suivante : *taureau, ours, renne, bison, cheval, cerf, mammouth*

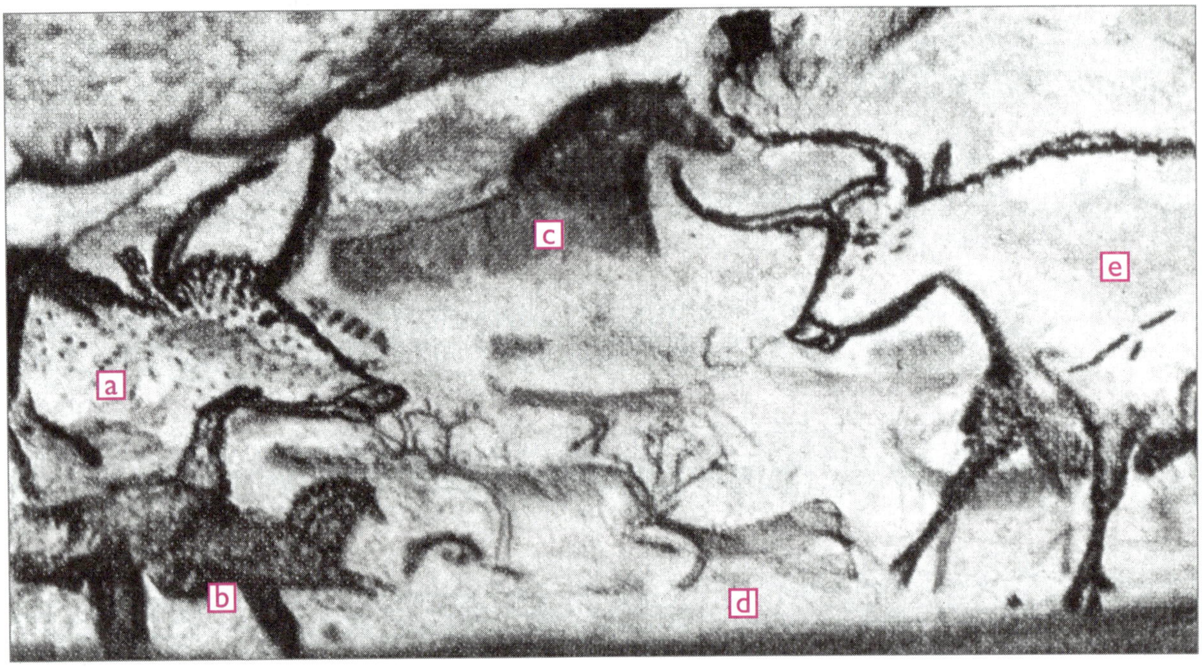

a ____________________

b ____________________

c ____________________

d ____________________

e ____________________

B | Réponds aux questions à propos de ce texte.

Le 12 septembre 1940, Marcel, Jacques, Georges et Simon jouaient dans les bois quand ils aperçurent dans le sol un trou qu'ils décidèrent d'explorer. Se faufilant dans un passage étroit, ils dévalèrent dans le noir avant d'arriver dans une grotte. Soudain, sur la paroi, ils virent se dresser de gigantesques taureaux, des chevaux et des cerfs. La nouvelle de leur découverte se répandit comme une traînée de poudre et parvint aux oreilles des savants. En quelques jours, la grotte devint l'un des sites préhistoriques les plus célèbres de France.

1. Qui a découvert la grotte de Lascaux ? ____________________

2. À quel siècle a-t-elle été découverte ? ____________________

3. En quoi ces jeunes garçons ont-ils été imprudents ? ____________________

4. En quoi leur découverte est-elle merveilleuse ? ____________________

5. Donne un titre à ce texte : ____________________

C | Complète la carte des vestiges du Paléolithique en France.

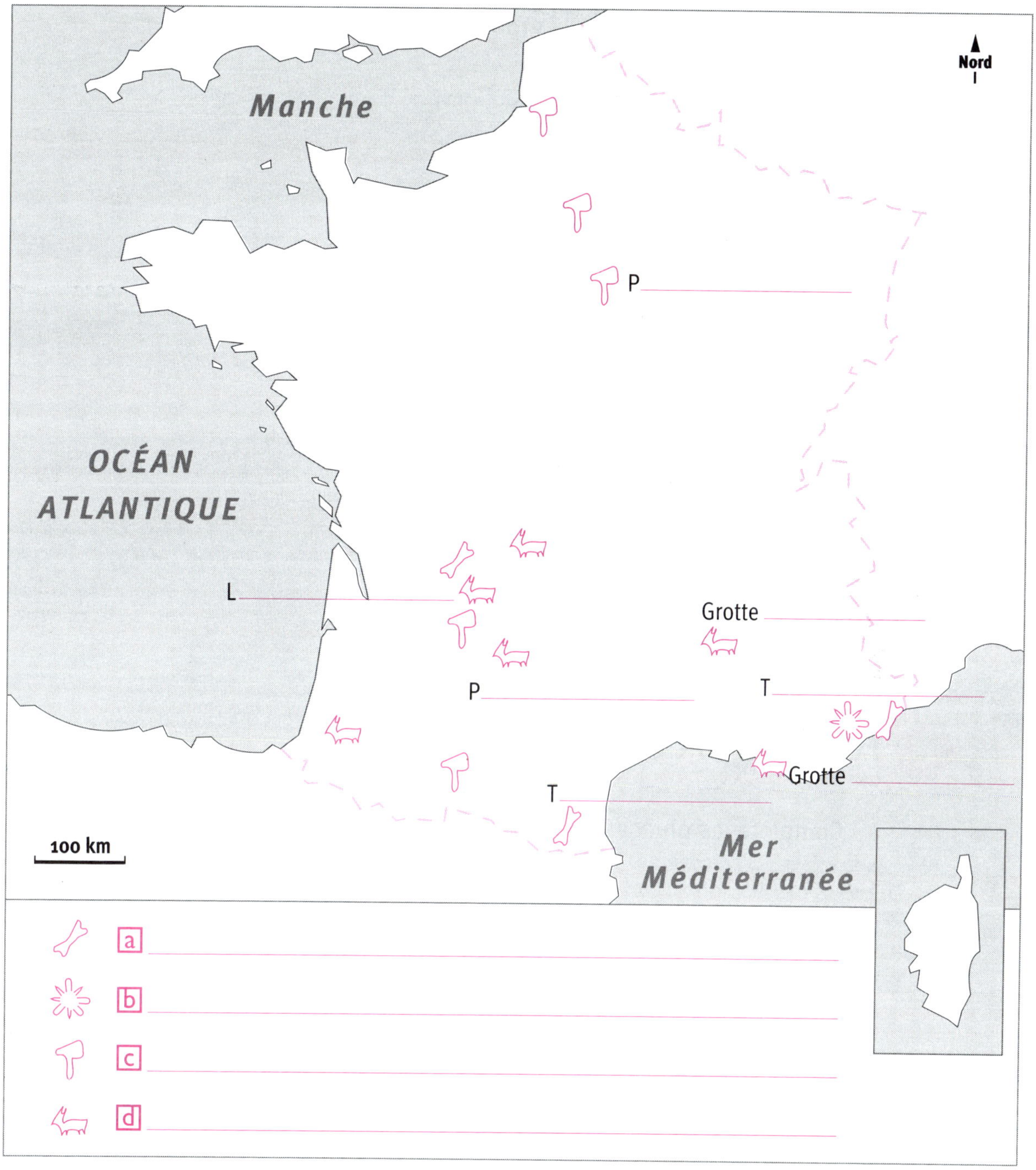

1. Complète la légende en écrivant :
ossements humains, vestiges d' outils, vestiges de foyer, vestiges d' art.

2. Sur la carte et la légende, colorie en rouge les vestiges de foyer, en bleu les vestiges d'outils, en jaune les ossements humains et en vert les vestiges d'art.

3. Écris au bon endroit le nom des sites suivants : *Pincevent, Grotte Chauvet, Tautavel, Grotte Cosquer, Terra Amata, Lascaux, Pech Merle.*

4. Quel site préhistorique représenté sur cette carte est le plus proche de chez toi ?

____

5. Connais-tu un autre site préhistorique ? Si oui, nomme-le : ______________________________

______________________________. Place-le sur la carte.

D | Écris un texte de quelques lignes pour expliquer comment les hommes préhistoriques ont dessiné cette main dans la grotte Cosquer.

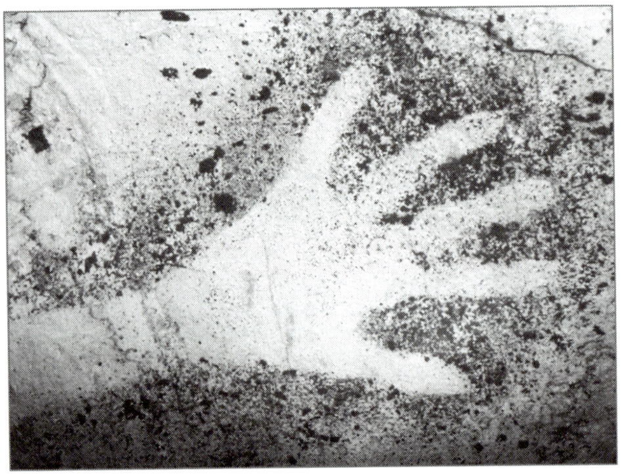

LEÇON 8 Les progrès de l'outillage

A | Complète les phrases en imaginant une fin.

1. À partir de 8000 av. J.-C., les hommes ont fabriqué de nouveaux outils en pierre ______ .

2. D'abord, ils taillaient grossièrement ______ .

3. Puis, pour les polir, ils ______ .

4. Les outils en pierre polie présentaient des avantages par rapport aux outils en pierre taillée : ______ .

B | Complète la frise chronologique de la Préhistoire.

1. Situe le Paléolithique, jusqu'en 8000 av. J.-C., en coloriant la période correspondante en vert et en écrivant *Paléolithique*.

2. Situe le Néolithique, de 8000 à 3000 av. J.-C., en coloriant la période correspondante en violet et en écrivant *Néolithique*.

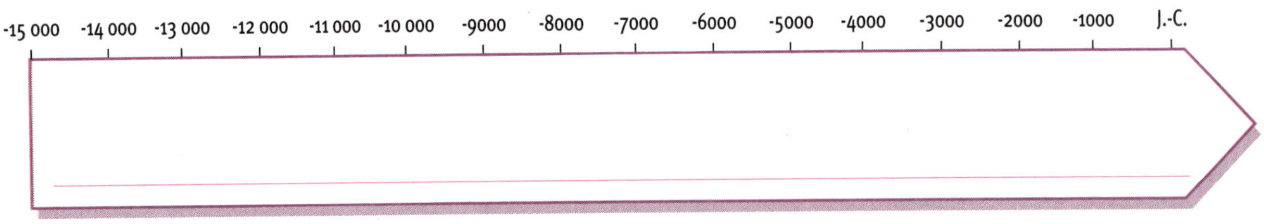

LEÇON 9 Les débuts de l'agriculture

A | Complète chaque fiche.

1. Écris le nom de chaque objet en choisissant parmi : *meule, hache, faucille.*

2. Explique l'usage de ces objets (à quoi ils servaient).

a

nom : ____________

usage : ____________

____

____

____

b

nom : ____________

usage : ____________

____

____

____

c

nom : ____________

usage : ____________

____

____

____

B | Réponds aux questions.

1. Nomme trois animaux que les hommes du Néolithique ont domestiqués et élevés : ____________

____

2. Nomme deux plantes que les hommes du Néolithique cultivaient : ____________

____

3. Écris à quoi servait une houe : ____________

____

un araire : ____________

____

LEÇON 10

Les débuts de l'artisanat

A | Explique en une ou deux phrases ce que fabriquaient ces artisans du Néolithique.

Nomme à chaque fois le matériau que l'artisan travaille.

a ____________________

b ____________________

c ____________________

d ____________________

B | Parmi les produits suivants, souligne ceux que les artisans du Néolithique savaient fabriquer.

une couverture en laine	*une cuillère en inox*	*un panier d' osier*
une bouteille en verre	*un peigne à tisser en buis*	*un peigne à tisser en fer*
un tapis en osier	*un plat en terre cuite*	*un vase en céramique*
un tissu en lin	*un tissu en lycra*	*un couteau en pierre polie*

LEÇON 11

La sédentarisation des hommes

A | Écris la définition des mots suivants :

1. nomade : ______________________

____

2. sédentaire : ______________________

____

B | Réponds aux questions à propos de cette maison.

1. A quoi vois-tu que cette maison est celle d'une famille sédentaire ? ______________________

____

____

____

2. Trouve deux raisons pour lesquelles son propriétaire a construit cette maison sur pilotis (aide-toi du dessin pour répondre).

– ______________________

– ______________________

C | Écris vrai ou faux après chacune des phrases suivantes.

1. Les premières maisons étaient en bois, en pierre ou en terre. __________
2. Les toits étaient faits de chaume ou de feuillage. __________
3. Au Néolithique, les hommes ne vivaient pas encore dans des villages. __________
4. La vie sédentaire était plus confortable que la vie nomade. __________
5. L'agriculture a permis aux hommes de se nourrir plus régulièrement. __________
6. L'élevage leur a permis de ne plus être végétariens. __________
7. Les artisans n'étaient pas spécialisés dans une activité. __________

D | Quel est, pour toi, le principal progrès du Néolithique ? (explique ton choix)

____

____

____

____

E | Remplis le tableau à l'aide des mots suivants :
abris sous roche, maisons, huttes en branchages, vie nomade, vie sédentaire, pierre polie, pierre taillée, vêtements en tissus, vêtements en peaux, cueillette, agriculture, élevage, chasse, tissage, taille des pierres, poterie.

	Paléolithique de la naissance de l'Homme à -8000	Néolithique à partir de -8000
habitat		
mode de vie		
outils en…		
vêtements		
activités importantes		

LEÇON 12

Les mégalithes

Fais des recherches et relie chaque nom au mégalithe correspondant.

cromlech | dolmen | tumulus | menhir

LEÇON 13 LEÇON 14

Des outils en métal et les débuts de la métallurgie

A | **Relie chaque mot à la photographie correspondante.**

hache — faucille — pointe de lance — collier — poignard

1. Entoure les armes en rouge, les outils en vert et les bijoux en bleu.
2. Souligne le nom des objets que l'on ne peut pas fabriquer en pierre.

B | **Cite deux avantages des outils en métal par rapport aux outils en pierre.**

– ______________________________

– ______________________________

C | **Regarde les dessins et complète le texte en choisissant parmi les mots suivants :**
métal, cire, forgeron, terre, hache, moule, métal.

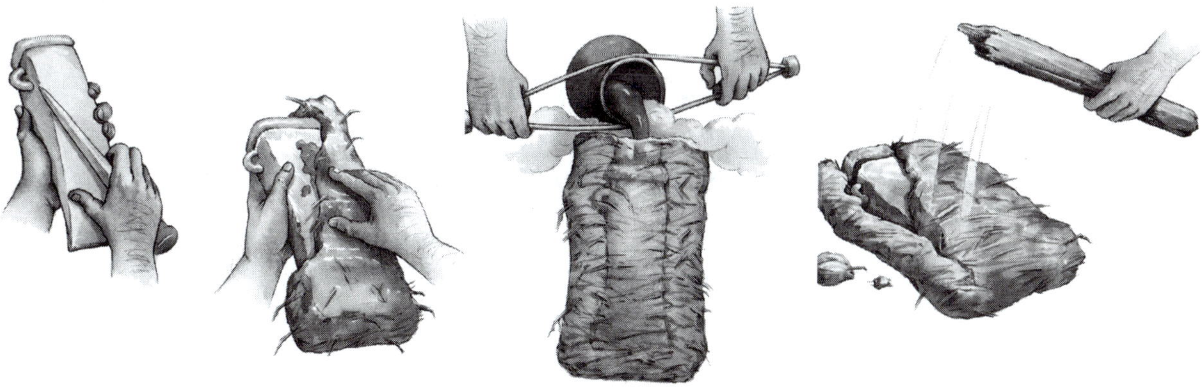

L'artisan qui fabrique des objets en métal s'appelle un ______________________ .
Pour fabriquer une hache en ______________________, il façonne d'abord un modèle dans de la cire puis l'enveloppe de ______________________. Par un trou, il verse du ______________________ liquide et brûlant, qui fait ressortir la ______________________. Lorsque le métal est refroidi, il casse le ______________________ et en sort la ______________________.

3 HISTOIRE L'Antiquité

LEÇON 1 LEÇON 2 L'invention de l'écriture et les débuts de l'Antiquité

A | Parmi ces différentes sources historiques, souligne celles qui ne peuvent pas dater de la Préhistoire.

une hache en pierre polie	*un texte de loi*	*une meule en pierre*
une houe en métal	*un tissu de lin*	*un livre*
des hiéroglyphes sur un bas-relief	*un journal*	*une carte*

B | Complète la frise chronologique.

1. Écris E pour situer l'invention de l'écriture et A pour situer l'invention de l'alphabet.

2. Colorie en violet la période appelée Préhistoire et en jaune celle appelée Histoire.

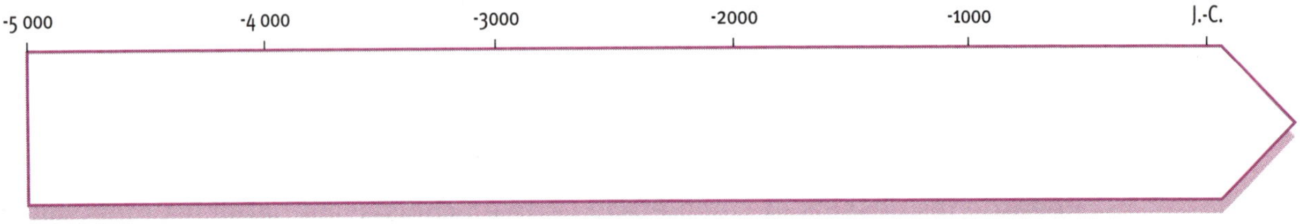

LEÇON 3 LEÇON 4 Les premières villes, les premiers États

A | Nomme trois différences entre un village de la Préhistoire et une ville de l'Antiquité.

– ______________________________

– ______________________________

– ______________________________

B | Relie chaque caractéristique de l'État à sa fonction.

un roi, un prince •	• énoncer les règles à respecter
des lois •	• protéger le pays contre les invasions
des soldats •	• faire appliquer les décisions de l'État
des fonctionnaires •	• prendre les décisions pour l'État

LEÇON 5 Rome et son empire

A | Complète la reconstitution de ce légionnaire romain avec les mots suivants :
casque, lance, épée, cuirasse, bouclier.

a ______________________

b ______________________

c ______________________

d ______________________

e ______________________

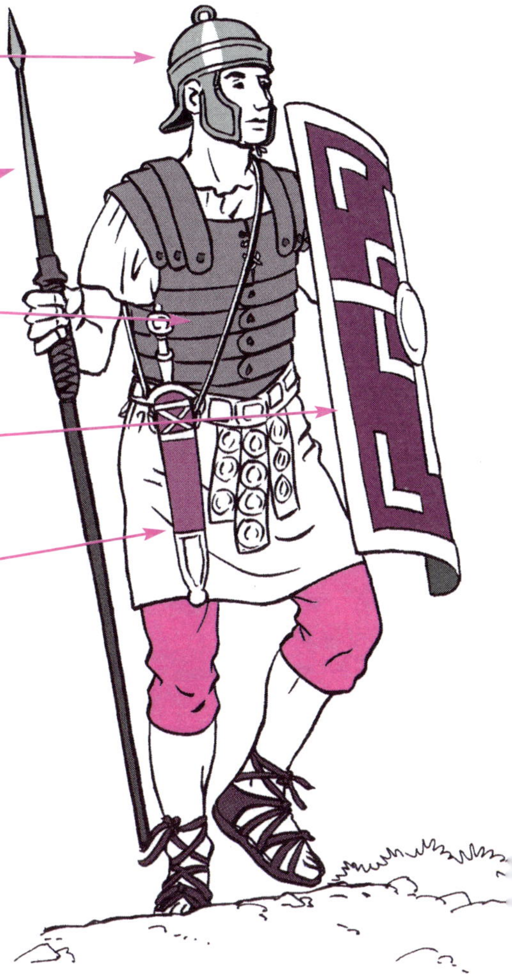

B | Complète la carte de l'Empire romain.

1. Place Rome en écrivant son nom au bon endroit.

2. Colorie en jaune les régions contrôlées par l'Empire romain au début de notre ère (sans oublier de compléter la légende).

3. Écris le nom de la mer autour de laquelle l'Empire s'ét

4. Écris au bon endroit le nom des régions suivantes :
Égypte, Grèce, Gaule, Asie mineure.

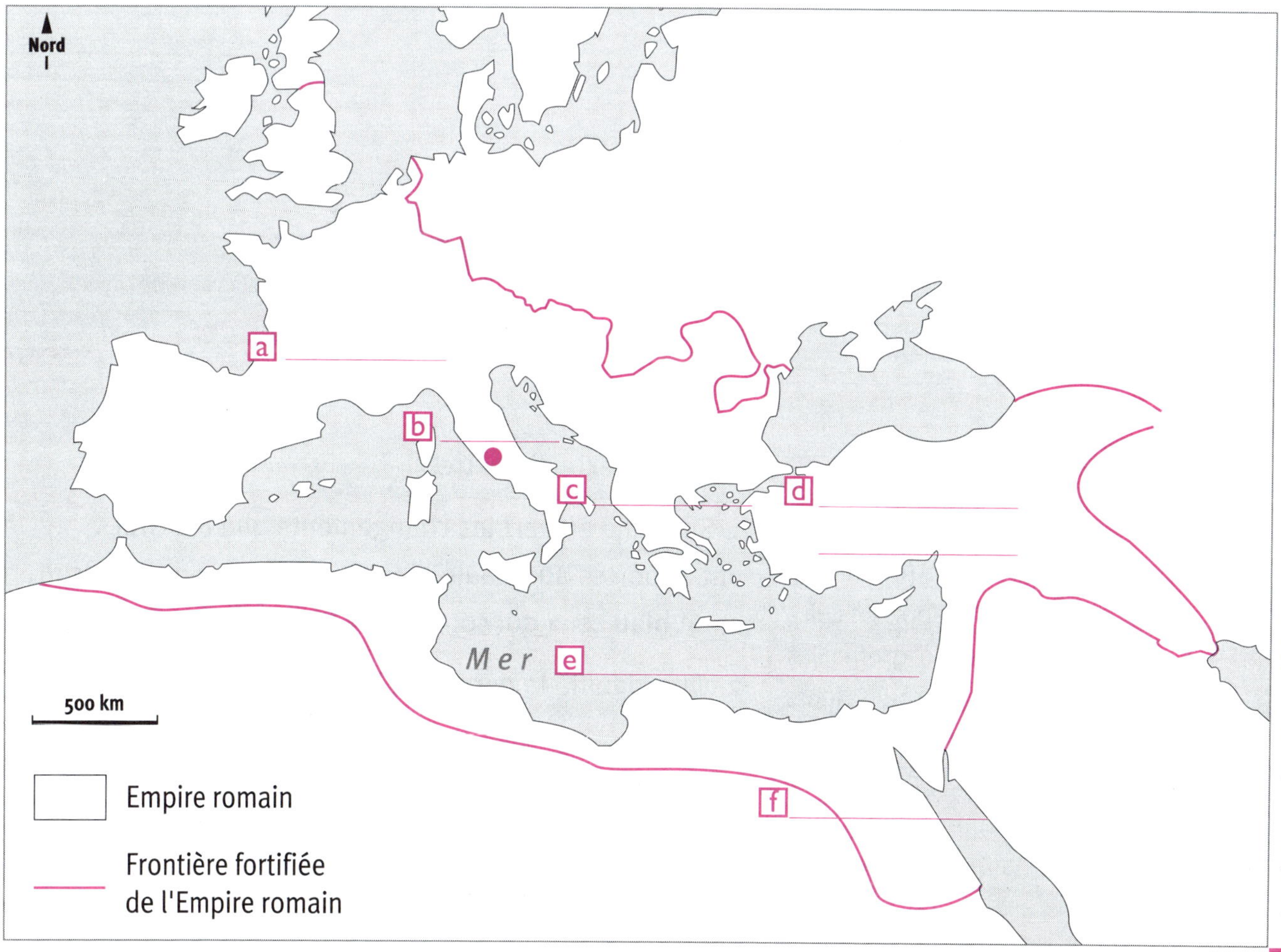

Les populations premières de la Gaule

> La Gaule est divisée en trois parties. Le Nord est occupé par les Belges, le Sud par les Aquitains, le reste par ceux qui portent le nom de Celtes. Ces peuples n'ont pas les mêmes coutumes et les mêmes lois.
>
> D'après Jules César, Ier siècle av. J.-C.

A | Complète la carte des premiers habitants de la Gaule.

1. Écris *Celtes* et *Grecs* près de la flèche correspondante.
2. Écris le nom du port que les Grecs ont fondé.
3. À l'aide du texte de Jules César, place les *Belges*, les *Aquitains* et les *Celtes*.

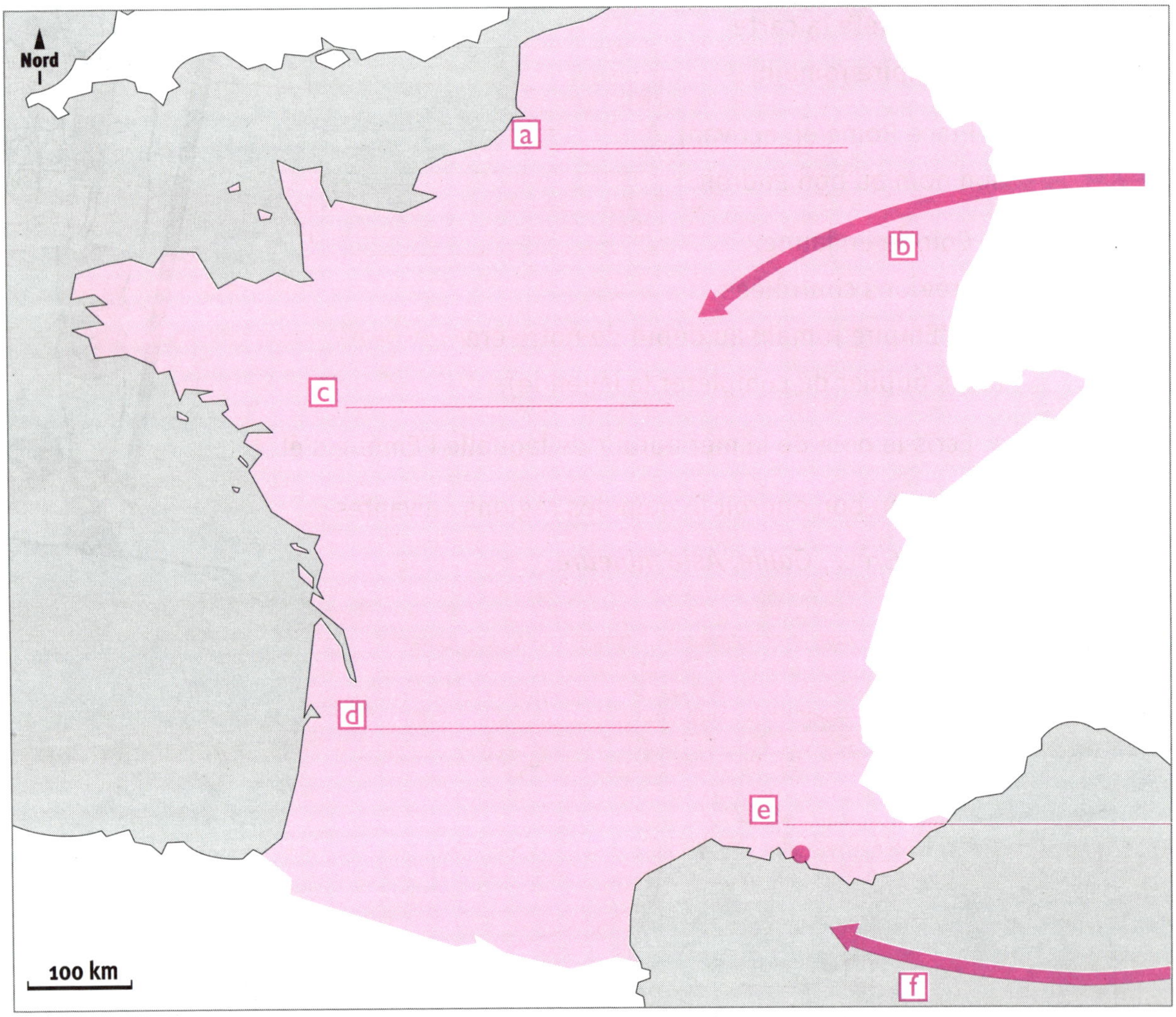

> Sous l'influence des Grecs, les Celtes ont adouci leurs façons de vivre. Ils ont appris à cultiver la vigne, à greffer les oliviers et à entourer leurs villes de remparts. Ils ont également appris à respecter la loi, pas seulement la force des armes.
>
> D'après Justin, IIe siècle

B | Lis le texte ci-contre.

1. Souligne en vert les changements que les Grecs ont apportés aux Gaulois dans le domaine de l'agriculture et en bleu ceux qui concernent les villes.
2. Que signifie la dernière phrase ? ______________________

____

____

____

____

LEÇON 8

Les Gaulois : paysans et artisans

A | Souligne les productions agricoles des Gaulois et les animaux qu'ils élevaient.

blé	*bœuf*	*café*	*lentilles*	*pois*
vigne	*riz*	*orge*	*cochon*	*cheval*

B | Explique à quoi servaient les outils que les agriculteurs utilisaient.

a araire : ______________________

____

____

b moissonneuse : ______________________

____

____

C | Souligne les produits que les artisans gaulois fabriquaient.

des épées en bronze	*des poteries*	*des bas-reliefs en pierre*
du papier	*des nappes en dentelle*	*des carafes en verre*
des haches en pierre	*des torques en cuivre*	*des sandales en cuir*

D | Cite deux inventions faites par les Gaulois.

– ______________________ – ______________________

Les gens du peuple sont traités comme des esclaves. Ils ne peuvent prendre aucune initiative puisqu'ils n'ont le droit de donner leur avis sur rien. Beaucoup, écrasés de dettes et d'impôts, se mettent au service des gens riches, qui ont alors tous les droits sur eux.

D'après Jules César, Ier siècle av. J.-C.

E | Lis le texte et réponds aux questions.

1. Souligne en vert les passages qui montrent que les gens du peuple étaient pauvres.
2. Souligne en rouge les passages qui montrent qu'ils ne participaient pas à la vie politique.
3. Souligne en bleu les deux passages qui montrent clairement qu'ils étaient traités comme des esclaves.
4. Explique ce qu'est un esclave : ______________________

____

____

9 Les Gaulois : guerriers et commerçants

A | Sur cette reconstitution d'un soldat gaulois, relie chaque mot à ce qu'il désigne.

B | Réponds aux questions.

1. Qu'est-ce qu'un oppidum ?

____

____

2. Nomme deux oppidums.

– ______________________________

– ______________________________

3. Nomme deux marchandises dont les Gaulois faisaient le commerce.

– ______________________________

– ______________________________

4. Comment les commerçants gaulois transportaient-ils leurs marchandises ?

____

____

épée

torque

saie

casque

bouclier

épée

braies

10 11 La conquête de la Gaule par les Romains

A | Complète la frise chronologique de l'année 52 avant Jésus-Christ.

1. Écris le nom des deux grandes batailles de l'année, *Alésia* et *Gergovie*, en respectant l'ordre chronologique.

2. Colorie en vert la période de la Gaule libre (avant la défaite gauloise) et en jaune celle de la Gaule conquise (après la défaite) et fais une légende sous la frise chronologique.

fin 53 — année 52 avant Jésus-Christ — 51 av. J.-C.

______________ ______________

☐ ______________ ☐ ______________

______________ ______________

B | **Lis le texte et complète le fléchage de la reconstitution d'Alésia en reportant dans les cadres les passages soulignés.**

L' armée de Vercingétorix attira les Romains en se réfugiant dans l' oppidum d' Alésia, au sommet de la colline. Jules César assiégea les Gaulois en installant ses troupes autour de l' oppidum. Il fut alors attaqué par une seconde armée gauloise, venue de l' extérieur. Jules César avait fait construire deux palissades :

– une palissade intérieure pour empêcher les troupes de Vercingétorix de sortir d' Alésia,

– et une palissade extérieure pour se protéger des Gaulois de l' extérieur.

Le camp romain était installé entre les deux palissades, lesquelles étaient surmontées de tours et protégées par des fossés et des pieux. Les Gaulois de l' extérieur, trop peu nombreux, ne parvinrent pas à vaincre les Romains et Vercingétorix dut se rendre.

LEÇON 12

La romanisation de la Gaule

A | Cite deux raisons pour lesquelles les Romains ont construit des routes en Gaule après la conquête.

1. une raison militaire : ______

2. une raison commerciale : ______

B | Complète la carte de la Gaule et de l'Empire romain.

1. Colorie en jaune les régions dominées par l'Empire romain :
l'Italie, la Gaule, l'Espagne, l'Angleterre.

2. Place le nom des quatre provinces romaines :
Belgique, Lyonnaise, Aquitaine et *Narbonnaise.*

3. Écris le nom de la capitale des Gaules : *Lyon.*

4. Complète la légende.

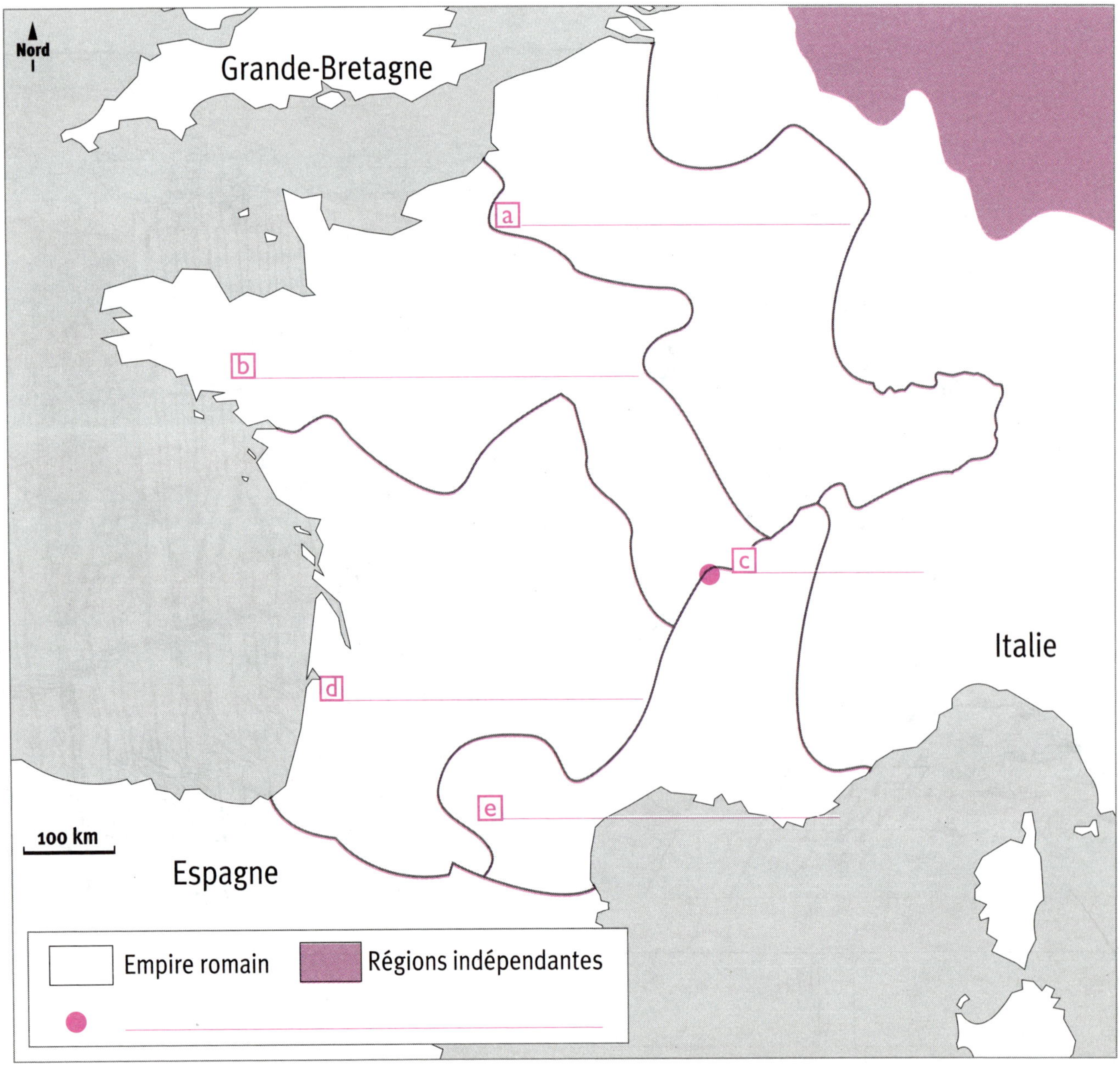

LEÇON 13 LEÇON 14

La vie quotidienne des Gallo-Romains

A | Relie chaque monument gallo-romain à son nom.

aqueduc | théâtre | arènes | arc de triomphe | temple

a

b

c

d

e

On se donnait rendez-vous aux thermes l'après-midi. Après un jeu de balle ou une séance de lutte, on passait dans des salles ou l'on pouvait être massé, huilé et frotté de sable par des esclaves et l'on prenait des bains à températures variées. Mais c'était aussi un lieu dans lequel on se promenait, on lisait, on discutait.

Thermes de Caracalla, IIIe siècle ap. J.-C.

B | Lis le texte à gauche et réponds aux questions.

1. Souligne en vert les activités sportives que les Gallo-Romains pratiquaient aux thermes.
2. Souligne en bleu les autres occupations qu'ils y pratiquaient.
3. Quels habitants de la Gaule ne menaient pas une vie aussi agréable ? ______________________

____

On appellera les citoyens de la ville à voter et à exprimer leur vote par tablette. On placera près de la corbeille de vote trois citoyens romains qui ne sont pas de la ville, donc qui ne votent pas, et qui surveilleront le vote et dépouilleront le suffrage. Chacun d'eux prêtera serment de compter les votes honnêtement.

D'après la loi de Malaga, Ier siècle av. J.-C.

C | Lis le texte à gauche et réponds aux questions.

1. Quel droit des citoyens est reconnu dans ce texte ?

____

2. Quels habitants de la ville n'ont pas le droit de voter ?

____

____

3. Souligne dans le texte les précautions qui sont prises pour assurer le bon déroulement des élections.
4. Pourquoi ces précautions sont-elles nécessaires ? ______________________

____

15 Les dieux gaulois

A | Lis le texte à droite et réponds aux questions.

1. Sur quel arbre le gui sacré poussait-il ? ____________________

2. À quel moment coupait-on le gui ? ____________________

3. Qui le coupait ? ____________________
4. Comment était-il habillé ? ____________________

5. Avec quel instrument coupait-il le gui ? ____________________

6. À quelle occasion utilise-t-on encore le gui ? ____________________

Les druides n'ont rien de plus sacré que le gui. Quand une touffe de gui apparaît sur un chêne, c'est un signe que l'arbre est habité par un dieu. La coupe du gui se fait d'une façon très minutieuse, le sixième jour de la lune. Le druide est vêtu de blanc, sa faucille est en or. Après avoir coupé le gui, il organise un repas sacré sous l'arbre. On sacrifie deux taureaux blancs.

D'après Pline l'Ancien, Ier siècle

Les druides s'occupent des affaires religieuses. Ils instruisent les jeunes. Si un meurtre est commis, s'il y a une dispute au sujet d'un héritage ou des limites d'un terrain, ils jugent et fixent les amendes. Ils ne vont pas à la guerre et ne paient pas d'impôts.

D'après Jules César, Ier siècle av. J.-C.

B | Lis le texte à gauche et réponds aux questions.

1. Souligne en bleu le passage sur le rôle religieux des druides.
2. Souligne en vert le passage sur leur rôle judiciaire.
3. Souligne en violet le passage sur leur rôle éducatif.
4. Souligne en orange les deux privilèges qu'ont les druides.

16 17 Le christianisme et la christianisation de l'Empire romain

A | Complète le tableau à propos des fêtes chrétiennes.

	Que fêtent les chrétiens ce jour-là ?	À quel moment de l'année cette fête a-t-elle lieu ?
Noël		
Pâques		
Ascension		
Pentecôte		
Toussaint		

HISTOIRE

La mesure du temps

A | 1. 365, 52, 12 – 2. 30 ou 31 (sauf février, 28 ou 29) – 3. 7 – 4. 100, 1 000 – 5. 366, 2004 (2008, 2012...)

B | minute, heure, jour, semaine, mois, année, siècle, millénaire

La date

A | 3 = III, 4 = IV, 6 = VI, 7 = VII, 12 = XII, 20 = XX, 19 = XIX, 14 = XIV, 18 = XVIII, 13 = XIII, 21 = XXI, 24 = XXIV

B | 1789 : XVIIIe siècle, 1944 : XXe siècle, 1848 : XIXe siècle, 1492 : XVe siècle, 632 : VIIe siècle, 52 av. J.-C. : Ier siècle av. J.-C.

Les calendriers

Un *calendrier* est un système qui permet de découper le temps et de se repérer dans son déroulement. Le calendrier *grégorien* compte le temps à partir de la *naissance* de Jésus, en l'an 1. L'année commence le *1er janvier* et se termine le *31 décembre*.

La frise chronologique

B | 1. Le Moyen Âge, dix siècles (1 000 ans) – 2. La Période contemporaine, plus de deux siècles

Des sources variées

A | 1. vestige – 2. Le titre doit contenir la nature du document, sa date et son origine géographique (par exemple, monnaie romaine vieille de 2100 ans) – 3. Les bateaux fonctionnaient à la voile et/ou à la rame

B | 1. vestige – 2. Le titre doit contenir la nature du document, sa date et son origine géographique (par exemple, reste d'un théâtre vieux de 2000 ans en France) – 3. Il existait déjà des pièces de théâtre.

C | 1. source écrite – 2. Le titre d'un texte doit concerner son contenu (par exemple, les Gaulois et leurs fils au Ier siècle av. J.-C.) – 3. Souligner : les Gaulois ne supportent pas de voir leurs enfants en public.

Les vestiges et le travail des archéologues

A | 1. des vestiges : définition p. 16 du manuel, ce qui reste du passé – 2. un archéologue : définition p. 21 du manuel, un savant qui étudie les traces laissées par les hommes du passé (un savant qui étudie les vestiges)

B | 1c – 2e – 3a – 4d – 5b – 6f (ou 5f – 6b)

L'origine de l'humanité

A | *Homo erectus* : homme debout – *Homo sapiens* : homme sage – *Homo habilis* : homme habile

B | De gauche à droit, Australopithèques, *Homo habilis*, *Homo erectus*, *Homo sapiens*

C | 1. *Homo sapiens* – 2. Souligner : marcher debout, fabriquer des outils, dessiner, construire une habitation, écrire, raconter une histoire – 3. utiliser des outils + marche debout : ils sont proches des humains

Les premiers outils

A | a. racloir – b. biface – c. sagaie – d. poignard – e. harpon – f. propulseur – g. flèche

B | Colorier le manche du racloir, de la sagaie, du poignard, du harpon et de la flèche, et la flèche du propulseur

La maîtrise du feu

A | un foyer : définition p. 27 du manuel, un endroit où l'on fait du feu

B | On fait rouler le bâton entre les deux paumes ; il frotte sur le bois au sol, chauffe jusqu'à provoquer une étincelle.

C | 1. faux (le feu fait fuir les bêtes sauvages) – 2. vrai – 3. faux (les hommes se rassemblent autour du foyer) – 4. faux (le feu leur donne bon goût) – 5. vrai – 6. vrai – 7. faux (en tuant les germes, le feu rend la viande plus comestible)

D | La période durant laquelle les hommes de la Préhistoire ne connaissaient pas le feu (environ 2,5 millions d'années) a duré plus longtemps que celle durant laquelle ils maîtrisaient le feu (environ 400 000 ans)

La vie des premiers hommes

A | Souligner : chasser, pêcher, manger de la viande, racler des peaux d'animaux, faire du feu, manger du poisson, fabriquer des outils en pierre, couper du bois

B | Entourer : b. cueillette – d. cueillette – e. pêche – h. chasse – j. cueillette – l. pêche – o. chasse (pour se procurer du lait, il faut domestiquer des animaux ; les tomates sont originaires d'Amérique ; pour se procurer des œufs, il faut élever des poules ; les laitues ne poussent pas à l'état sauvage).

C | 1. *groupes, gibier, nomades* – 2. *abris sous roche* – 3. *huttes, branchages, tentes, peaux*

D | a. retour de chasse – b. tente en peaux – c. hutte en branchages – d. pêche à la sagaie – e. maîtrise du feu – f. découpage du gibier

Les premiers habitants de la France

A | a. crâne – b. front – c. bourrelet – d. orbite – e. pommette

B | 1. vrai – 2. faux – 3. vrai – 4. faux – 5. faux (on n'a pas retrouvé le cartilage du nez) – 6. faux

Les peintures pariétales

A | a. taureau – b. cheval – c. cheval – d. cerf – e. taureau

B | 1. quatre jeunes garçons, Marcel, Jacques, Georges et Simon – 2. XXe siècle – 3. il est dangereux d'explorer des grottes sans l'aide d'un adulte – 4. ils ont découvert des peintures très anciennes, demeurées cachées pendant des millénaires – 5. la découverte des peintures de Lascaux

C | 1. a. ossements humains – b. vestiges de foyer – c. vestiges d'outils – d. vestiges d'art – 3. voir atlas du manuel

D | Plaquer la main sur la paroi, puis projeter de la couleur en soufflant dans un tube en os rempli de « peinture »

Les progrès de l'outillage

A | 1. polie – 2. une pierre ou un silex – 3. le frottaient contre une autre pierre – 4. ils étaient plus précis

Les débuts de l'agriculture

A | 1 et 2. a. nom : hache, usage : couper le bois, défricher – b. nom : meule, usage : moudre le grain – c. faucille, usage : faucher (couper) les épis

B | 1. moutons, porcs, bœufs, chèvres, volaille, chiens – 2. orge, blé, seigle, millet, pois, lentilles, fèves, lin – 3. houe : bêcher le sol, araire : creuser des sillons

Les débuts de l'artisanat

A | a. le tisserand tisse des fils pour fabriquer un tissu – b. le vannier travaille l'osier pour fabriquer un panier – c. la potière travaille la terre pour fabriquer un vase – d. la femme taille une cuillère dans du bois

B | Souligner : couverture en laine, panier d'osier, peigne à tisser en buis, tapis en osier, plat en terre cuite, vase en céramique, tissu en lin, couteau en pierre polie

La sédentarisation des hommes

A | 1. définition p. 29 du manuel, qui n'a pas d'habitation

fixe et se déplace sans cesse – 2. définition p. 41 du manuel, qui a une habitation fixe
B I 1. La maison est trop élaborée (trop longue à construire) pour n'être que provisoire – 2. éviter les inondations et les animaux sauvages
C I 1. vrai – 2. vrai – 3. faux – 4. vrai – 5. vrai – 6. faux (les hommes mangeaient déjà de la viande auparavant) – 7. faux
D I polissage des outils en pierre, agriculture et élevage, artisanat, sédentarisation, construction de maisons…
E I habitat : Paléolithique (abris sous roche, huttes en branchages), Néolithique (maisons) – mode de vie : Paléolithique (vie nomade), Néolithique (vie sédentaire) – outils en : Paléolithique (pierre taillée), Néolithique (pierre polie) – vêtements : Paléolithique (en peaux), Néolithique (en tissus) – activités : Paléolithique (cueillette, chasse, taille des pierres), Néolithique (agriculture, élevage, tissage, poterie)

Les mégalithes

a. dolmen – b. cromlech – c. tumulus – d. menhir

Des outils en métal et les débuts de la métallurgie

A I a. faucille – b. collier – c. pointe de lance – d. hache – e. poignard – 1. Entourer en rouge : c, e – Entourer en vert : a, d – Entourer en bleu : b – 2. Souligner b
B I Plus solide, plus facile à fabriquer, réparable
C I *forgeron, métal, terre, métal, cire, moule, hache*

L'invention de l'écriture et les débuts de l'Antiquité

A I Souligner : un texte de loi, un livre, des hiéroglyphes sur un bas-relief, un journal, une carte
B I 1. Écrire E vers 3000 av. J.-C. et A vers 1200 av. J.-C. – 2. Colorier en violet la partie gauche de la frise jusque vers 3000 av. J.-C. et en jaune la partie droite

Les premières villes, les premiers États

A I plus d'habitations, une organisation en quartiers, des monuments publics… (voir livre du maître)
B I un roi, un prince : prendre les décisions pour l'État – des lois : énoncer les règles à respecter – des soldats : protéger le pays contre les invasions – des fonctionnaires : faire appliquer les décisions de l'État

Rome et son empire

A I de haut en bas : casque, lance, cuirasse, bouclier, épée
B I a. Gaule – b. Rome – c. Grèce – d. Asie mineure – e. mer Méditerranée – f. Égypte

Les populations premières de la Gaule

A I a. Belges – b. Celtes – c. Celtes – d. Aquitains – e. Marseille – f. Grecs
B I 1. Souligner en vert : *ils ont appris à cultiver la vigne, à greffer les oliviers* – Souligner en bleu : *et à entourer leurs villes de remparts* – 2. Sous l'influence des Grecs, les Gaulois sont devenus moins combatifs, moins belliqueux, ils ont appris à se comporter comme les lois l'exigent.

Les Gaulois : paysans et artisans

A I Souligner : blé, bœuf, lentilles, pois, vigne, orge, cochon, cheval
B I a. travailler le sol, creuser des sillons pour semer – b. couper les épis et les récolter
C I Souligner : des épées en bronze, des poteries, des bas-reliefs en pierre, des carafes en verre, des torques en cuivre, des sandales en cuir
D I Savon, tonneau
E I 1. Souligner en vert : écrasés de dettes et d'impôts – 2. Souligner en rouge : ils ne peuvent prendre aucune initiative puisqu'ils n'ont le droit de donner leur avis sur rien – 3. Souligner en bleu : Les gens du peuple sont traités comme des esclaves, et qui ont alors tous les droits sur eux – 4. un esclave : définition p. 67 du manuel, une personne qui appartient à un maître, travaille pour lui, lui obéit et peut être vendue.

Les Gaulois : guerriers et commerçants

B I 1. forteresse – 2. voir atlas du manuel : mont Lassoix, Gergovie, Alésia, Bibracte – 3. céréales, produits artisanaux, esclaves – 4. par la route ou sur les fleuves

La conquête de la Gaule par les Romains

A I 1. Gergovie à gauche, Alésia à droite – 2. Colorier en vert à gauche d'Alésia, en jaune à droite
B I a. armée gauloise – b. palissade extérieure – c. palissade intérieure – d. oppidum d'Alésia – e. pieux – f. fossés – g. camp romain – h. tours

La romanisation de la Gaule

A I 1. faciliter le déplacement des troupes – 2. favoriser la circulation des marchandises
B I 1. Colorier en jaune les zones blanches – 2. a. Belgique – b. Lyonnaise – d. Aquitaine – e. Narbonnaise – 3. c. Lyon – 4. Colorier Empire romain en jaune, Capitale des Gaules

La vie quotidienne des Gallo-Romains

A I a. théâtre – b. temple – c. arc de triomphe – d. aqueduc – e. arènes
B I 1. jeu de balle et séance de lutte – 2. massé, huilé et frotté de sable, des bains à températures variées, on se promenait, on lisait, on discutait – 3. les paysans, les artisans, les esclaves
C I 1. droite de vote – 2. les non-citoyens (par exemple, les esclaves) et les citoyens d'une autre ville – 3. On placera près de la corbeille de vote trois citoyens romains qui ne sont pas de la ville, donc qui ne votent pas, et qui surveilleront le vote et dépouilleront le suffrage. Chacun d'eux prêtera serment de compter les votes honnêtement. – 4. pour s'assurer qu'il n'y a pas de tricherie lors du vote

Les dieux gaulois

A I 1. chêne – 2. le sixième jour de la lune. (6 jours après le début de la nouvelle lune) – 3. les druides – 4. en blanc – 5. une faucille en or – 6. pour le Nouvel An
B I 1. Les druides s'occupent des affaires religieuses – 2. Si un meurtre est commis, s'il y a une dispute au sujet d'un héritage ou des limites d'un terrain, ils jugent et fixent les amendes – 3. Ils instruisent les jeunes – 4. Ils ne vont pas à la guerre et ne paient pas d'impôts

Le christianisme et la christianisation de l'Empire romain

A I Noël : naissance de Jésus, 25 décembre – Pâques : résurrection de Jésus, printemps – Ascension : montée de Jésus au ciel, printemps, 40 jours après Pâques – Pentecôte : venue du Saint-Esprit, printemps, 10 jours après l'Ascension – Toussaint : fête de tous les saints (puis fête des morts), 1er novembre

La fin de l'Empire romain

1. Colorier en jaune la moitié gauche et en orange la moitié droite – 2. a. Rome – b. Constantinople – 3. Germains et Huns

GÉOGRAPHIE

Le planisphère, les continents et les océans

C | Océan Arctique : c – Océan Atlantique : b – Océan Indien : e – Océan Antarctique : d – a et f

Des climats variés

A | près de l'équateur : les températures sont élevées toute l'année – près des pôles : il fait froid toute l'année – dans les déserts : il ne pleut presque jamais – dans les zones tempérées : les hivers sont doux et les étés frais

C | Les déserts sont des régions dans lesquelles il ne pleut presque pas, la végétation n'y pousse pas, les animaux ne peuvent pas y vivre, le sol est généralement recouvert de sable ou de cailloux.

La répartition des hommes sur la Terre

A | 2. a. Amérique du Nord – b. Amérique du Sud – c. Europe occidentale – d. Asie du Sud – e. Asie de l'Est

B | 1. l'Asie – 2. la riziculture (nécessite une main-d'œuvre abondante, nourrit une population nombreuse) – 3. le froid – 4. la traite esclavagiste

Vivre dans un pays riche, vivre dans un pays pauvre

A | 1, 3, 4, 5, 7

B | 2, 5, 6, 7, 8

C | quartier très pauvre, dans lequel les habitations sont construites avec des matériaux de fortune. Les rues sont sales, il n'y a pas d'eau courante, pas d'évacuation des eaux usées.

D | 1. Brésil – 2. 7 ans – 3. nettoyer les voitures, vendre des bonbons – 4. il travaille trop loin de chez lui et les transports fonctionnent mal – 5. dans la rue

De l'image à la carte : les villes françaises

A | a. Lille – b. Rouen – c. Paris – d. Strasbourg – e. Nantes – f. Lyon – g. Grenoble – h. Bordeaux – i. Toulouse – j. Marseille – k. Nice

B | Paris

C | Lille, Lyon et Marseille

Les quartiers d'habitation

A | a. immeuble ancien – b. lotissement – c. barre – d. pavillon – e. tour.

B | Entourer en rouge a, c, e – Entourer bleu b et d

C | 1. longs couloirs, escaliers bruyants, empilement des logements, rareté des espaces verts

2. vide-ordures perpétuellement bouchés, les détritus jonchent le sol, les façades se dégradent, les réparations ne sont pas effectuées

Les quartiers du travail

A | a. usine ancienne – b. bureaux anciens – c. quartier d'affaires – d. zone industrielle

B | Entourer en bleu c et d – Entourer en vert a et b

C | un quartier d'affaires : une banque et une agence de conseil en informatique – une zone industrielle : une usine textile et une fabrique de papier

D | bruit, pollution

L'échelle des cartes : de la carte au plan

A | 3 cm = 300 m, 4 cm = 400 m, 5 cm = 500 m, 6 cm = 600 m, 7 cm = 700 m, 8 cm = 800 m, 9 cm = 900 m, 10 cm = 1 km

B | 1. 5 cm = 500 m – 2. 4 cm = 400 m – 3. 10 cm = 1 km – 4. 2 cm = 200 m

Les paysages du commerce

A | a. marché – b. zone commerciale – c. boutique – d. centre commercial – e. grand magasin – f. supermarché

B | Entourer en rouge : a, c – Entourer en bleu : b, d, e, f

C | 1. boutiques – 2. supermarché ou marché – 3. zone commerciale

Les loisirs et la culture

A | a. bibliothèque – b. stade – c. université – d. théâtre – e. musée – f. square – g. cinéma

B | une bibliothèque : lire des livres, trouver de la documentation – un stade : pratiquer un sport, assister à un match – un théâtre : assister à des spectacles – une université : suivre des études, se former à un métier – un musée : voir des œuvres d'art, des expositions – un cinéma : voir des films – un square : se promener, courir, jouer

Le plan et son orientation

A | Dans le sens des aiguilles d'une montre : nord, nord-est, est, sud-est, sud, sud-ouest, ouest, nord-ouest

Le centre-ville

A | ancien, rues piétonnes, immeubles d'habitation, bureaux, boutiques, équipements culturels, monuments historiques

B | Habitations : maisons individuelles, immeubles collectifs – Paysages du travail : bureaux, centres d'affaires – Commerces : boutiques, supermarchés, marchés – Bâtiments administratifs : préfecture, mairie, commissariat de police – Bâtiment religieux : église, temple, mosquée, synagogue – Espaces de loisirs et espaces culturels : théâtre, musée, bibliothèque, salle de sport, square

C | bruit, pollution, manque de place...

La périphérie des villes

A | Souligner 1, 2, 4, 6, 7

B | 1. l'installer près de l'usine existante et loin des habitations à cause des nuisances, donc en bas à droite de l'image – 2. l'installer près des habitations (lotissement ou grands ensembles) – 3. l'installer loin des usines (nuisance), de préférence dans un environnement agréable (pas trop près des grands ensembles), donc à gauche ou à droite du lotissement existant.

Les zones périurbaines

A | 1. Souligner en vert : un embranchement d'autoroute, une usine, un grand ensemble, un lotissement dans un village, un marché, une zone industrielle, une zone d'activité commerciale, un supermarché, un parc d'attractions, un grand complexe sportif, une mairie, un magasin de jouets, un grand centre commercial

2. Souligner en bleu : un square, une rue piétonne, un embranchement d'autoroute, une usine, un grand ensemble, un marché, une zone industrielle, une zone d'activité commerciale, un supermarché, un grand complexe sportif, une mairie, un magasin de jouets, un grand centre commercial

3. Souligner en rouge : un square, une rue piétonne, un marché, un supermarché, une mairie, un magasin de jouets

B | 1. F. Damette et J. Scheibling – 2. 1998 – 3. à 20 ou 30 km d'une ville – 4. en ville – 5. à la campagne – 6. le moindre coût du logement, la recherche d'une « qualité de vie » – 7. l'utilisation de l'automobile – 8. constructions de maisons et lotissements, d'équipements (écoles, crèches, équipements de loisirs...), développement des transports...

Les villes nouvelles

A | une ville construite de toutes pièces, dans une zone initialement rurale, ville conçue pour regrouper tout ce dont les habitants ont besoin : logements, emplois, crèches et écoles, magasins, équipements de loisirs...
B | L'Isle-d'Abeau, Évry, Sénart, Saint-Quentin-en-Yvelines, Villeneuve d Ascq, Marne-la-Vallée, Cergy-Pontoise

Les transports

A | 1. Barrer c, e, h, i – 2. Souligner : a, b, d

Les régions agricoles

A | un champ, un bois, un chemin, une ferme, une forêt, une vigne, un verger
B | a. verger – b. bocage – c. openfield
C | 1. 2. 3. 4. voir atlas du manuel – 5. a. Nord – b. Bassin parisien – c. Bretagne – d. Alsace – e. Massif Central – f. Bassin aquitain – g. Midi – h. Corse
D | Seine : bocage, openfield – Loire : cultures délicates, bocage, openfield, bocage

Les forêts

A | forêt des Alpes : 2 – forêt des Vosges : 1 – forêt des Pyrénées : 4 – forêt des Landes : 3
B | 1. les Landes – 2. des pins – 3. présence de sentier, de bois coupés, d'installation pour les promeneurs...

Les villages

1. faux – 2. vrai – 3. faux – 4. faux – 5. faux – 6. vrai – 7. faux – 8. faux

Le tourisme rural

A | 1. construire des routes ou des voies de chemin de fer – 2. construire des hôtels, installer des campings, ouvrir des gîtes ruraux – 3. installer des magasins, des restaurants – 4. installer des terrains de sports, aménager les cours d'eau, organiser des activités – 5. créer des marchés régionaux, installer des boutiques spécialisées – 6. empêcher le bruit et la pollution – 7. Restaurer les vieux bâtiments
B | maçons, hôteliers, restaurateurs, commerçants, artisans...

La carte routière

C | 40 km
D | 8 + 5 + 15 = 28 km

La montagne en hiver

A | Souligner : 1, 4, 5, 7
B | Il fait moins froid, ils n'ont pas besoin de monter les matériaux pour construire leurs maisons, le sol est plus plat...
C | a. tire-fesses – b. télécabine – c. magasins de location de skis et de vente de vêtements de sport d'hiver – d. chasse-neige – e. hôtel – f. restaurant – g. cours de ski

La montagne en été

A | 1. dessiner des maisons, une route et des champs – 2. dessiner des arbres – 3. dessiner de l'herbe – 4. dessiner des rochers et, tout en haut, laisser en blanc
B | Souligner en vert : les téléphériques (pour les ballades), les sentiers de randonnées balisés, les gares de chemin de fer, les écoles d'escalade, les refuges en montagne, les locations de VTT, les plages aménagées au bord des lacs, les logements touristiques, les campings – Souligner en bleu : les téléphériques, les pistes de ski, les gares de chemin de fer, les écoles d'escalade, les refuges en montagne, les logements touristiques

La carte du relief

A | 1. Colorier en marron les Alpes, les Pyrénées et la Corse, et en orange les Vosges, le Jura et le Massif Central – 2. Colorier en vert le reste de la France – 4. a. Vosges – b. Jura – c. Massif Central – d. mont Blanc – e. Alpes – f. Pyrénées – g. Corse
B | 1. le Massif Central – 2. le Jura, les Alpes et le Massif Central

Les littoraux touristiques

A | a. côte à falaises – b. côte à rochers – c. côte sableuse
B | a. Mer du Nord – b. Manche – c. Océan Atlantique – d. Mer Méditerranée
C | Site touristique au bord de la mer (comportant généralement une plage)
D | 1. Manche – 2. Manche – 3. Océan Atlantique – 4. Océan Atlantique – 5. Mer Méditerranée
E | 1. c – 2. pas *a* à cause de l'usine, pas *b* parce que la falaise rend la plage inaccessible ; donc *c*, il suffira de nettoyer la plage – 3. nettoyer la plage, installer des logements, des activités de loisirs, des magasins, des routes d'accès...

Les littoraux de la pêche et du commerce

A | Entourer en vert : b (halle), c (chalutier) – Entourer en bleu : a (grue), d (container), e (fut pour le pétrole) et g (navire de commerce)
B | Le Havre : port de commerce, Manche
Marseille : port de commerce, mer Méditerranée
Concarneau : port de pêche, océan atlantique
Saint-Nazaire : port de commerce, océan Atlantique
Dunkerque : port de commerce, mer du Nord
Lorient : port de pêche, océan Atlantique
La Rochelle : port de pêche, océan Atlantique
Le Guilvinec : port de pêche, océan Atlantique

La France d'outre-mer

A | Océan Pacifique : Polynésie française, Clipperton, Nouvelle-Calédonie, Wallis-et-Futuna
Océan Indien : Mayotte, îles Glorieuses, Juan de Nova, Bassa da India, Europa, Tromelin, La Réunion, Amsterdam, St-Paul, îles Kerguelen, îles Crozet
Océan Atlantique : St-Pierre-et-Miquelon, St-Martin, Guadeloupe, St-Barthélémy, Martinique, Guyane
Antarctique : Terre Adélie
B | a. Terre Adélie – b. Antilles ou La Réunion, par exemple – c. Antilles ou La Réunion, par exemple

B | Complète la frise chronologique.

1. Colorie en jaune la période pendant laquelle les chrétiens ont librement pratiqué leur religion (jusqu'en 257).

2. Colorie en rouge la période pendant laquelle ils ont été persécutés : de 257 à 313.

3. Colorie en jaune la période pendant laquelle le christianisme a, à nouveau, été autorisé, de l'édit de Milan en 313, à 380.

4. Colorie en marron la période pendant laquelle le christianisme est devenu obligatoire, après l'édit de Thessalonique en 380.

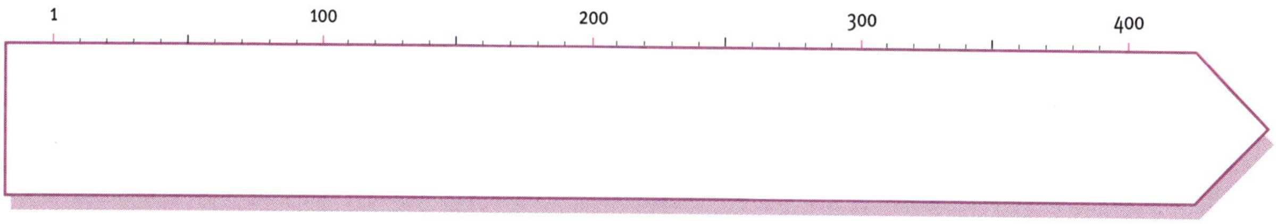

LEÇON 18 La fin de l'Empire romain

Complète la carte.

1. Colorie l'Empire romain d'Occident en jaune et l'Empire romain d'Orient en orange.

2. Écris le nom de la capitale de chacun des deux empires.

3. Souligne le nom des « Barbares » qui ont attaqué l'Empire romain.

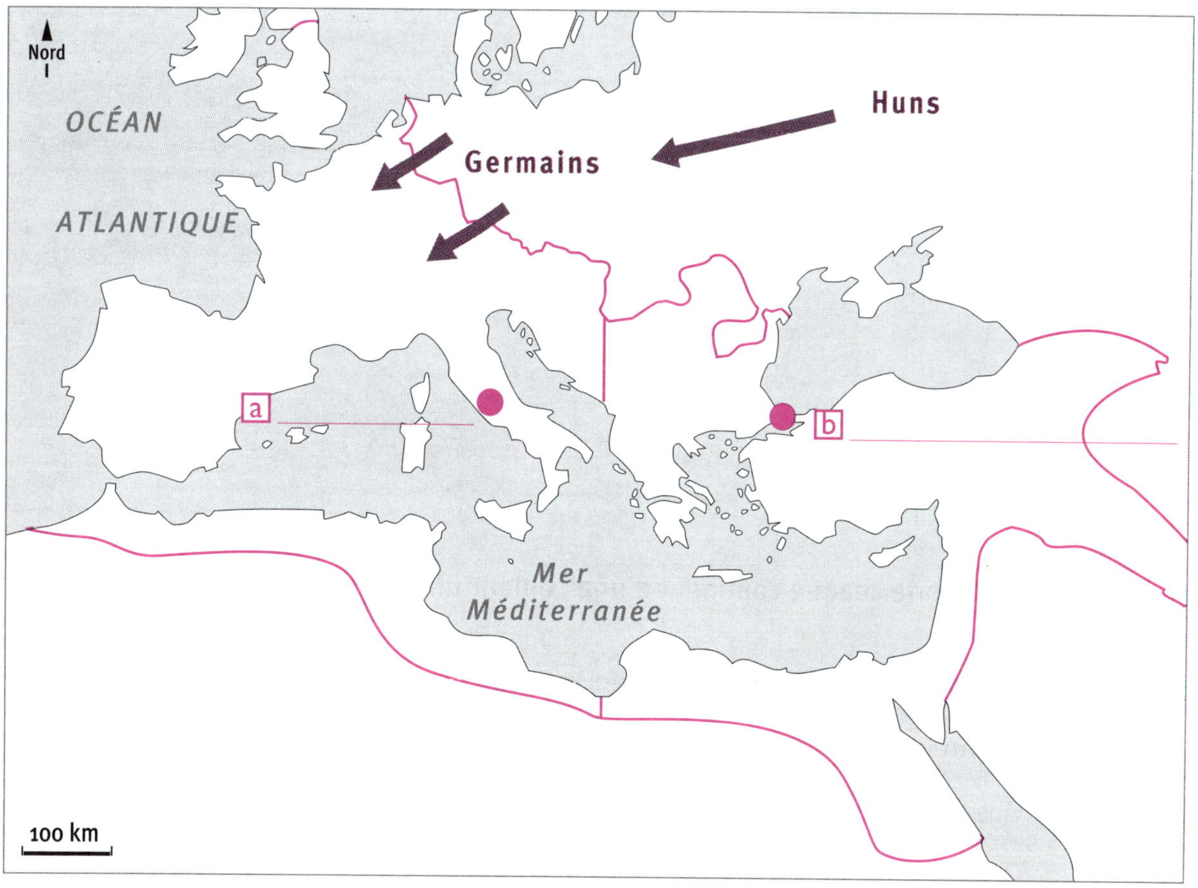

1 GÉOGRAPHIE
Regards sur le monde

LEÇON 1 LEÇON 2 Le planisphère, les continents et les océans

A | Complète ce planisphère.

1. Repasse en rouge l'équateur.

2. Indique le pôle Nord par une flèche verte et le pôle Sud par une flèche bleue.

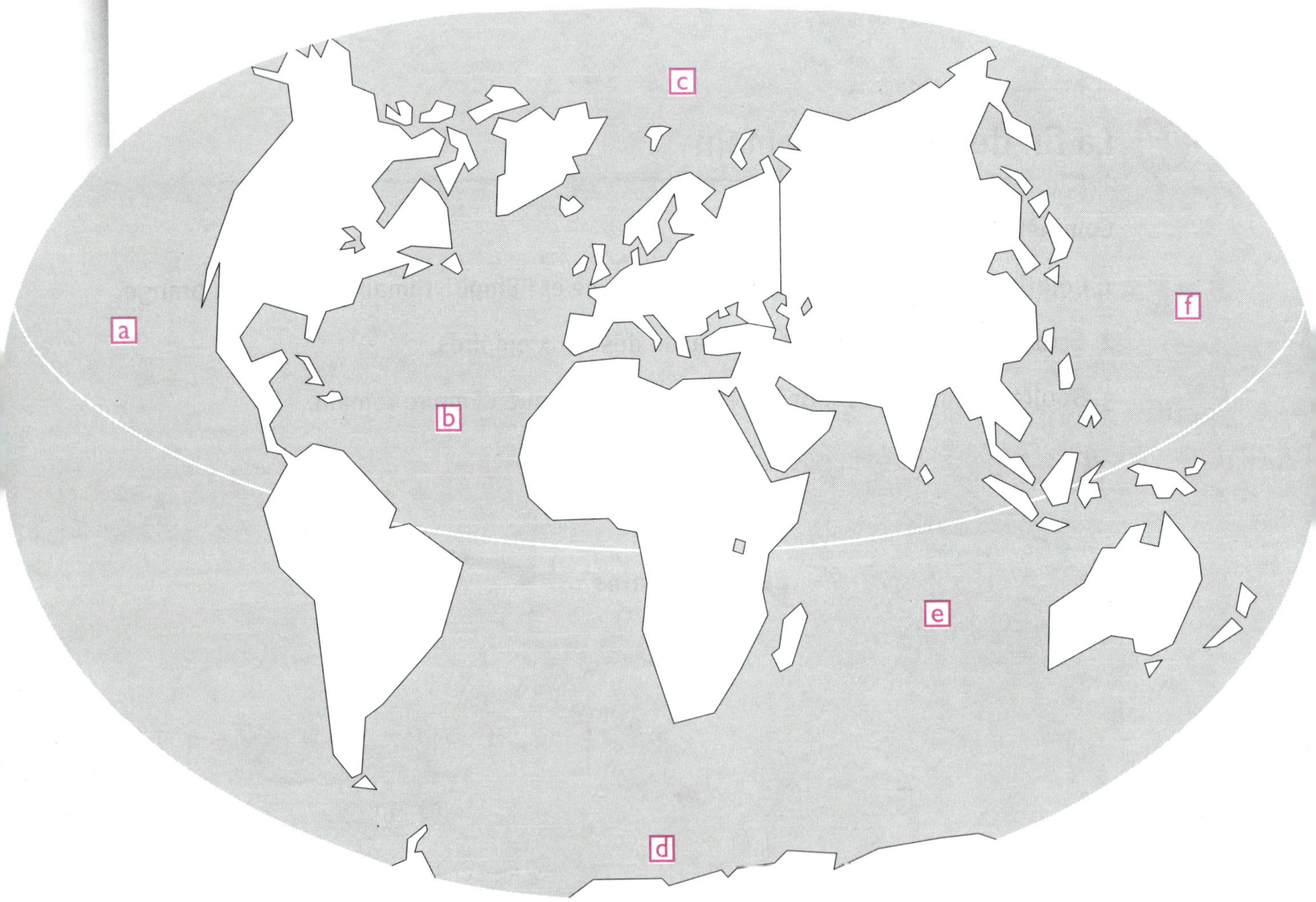

B | Colorie chaque continent d'une couleur différente et écris son nom.

C | Écris à quelle lettre correspond chacun des océans.

Océan Arctique : ______

Océan Indien : ______

Océan Pacifique : ______ et ______

Océan Atlantique : ______

Océan Antarctique : ______

LEÇON 3

Des climats variés

A | **Relie chaque région à la phrase qui convient.**

près de l'équateur •	• il ne pleut presque jamais
près des pôles •	• les hivers sont doux et les étés frais
dans les déserts •	• les températures sont élevées toute l'année
dans les zones tempérées •	• il fait froid toute l'année

B | **Complète le planisphère et sa légende.**

1. Colorie en orange les régions qui se trouvent dans la zone chaude (attention, ne colorie pas les océans).

2. Colorie en vert les régions qui se trouvent dans les zones tempérées.

3. Colorie en bleu les régions qui se trouvent dans les zones froides.

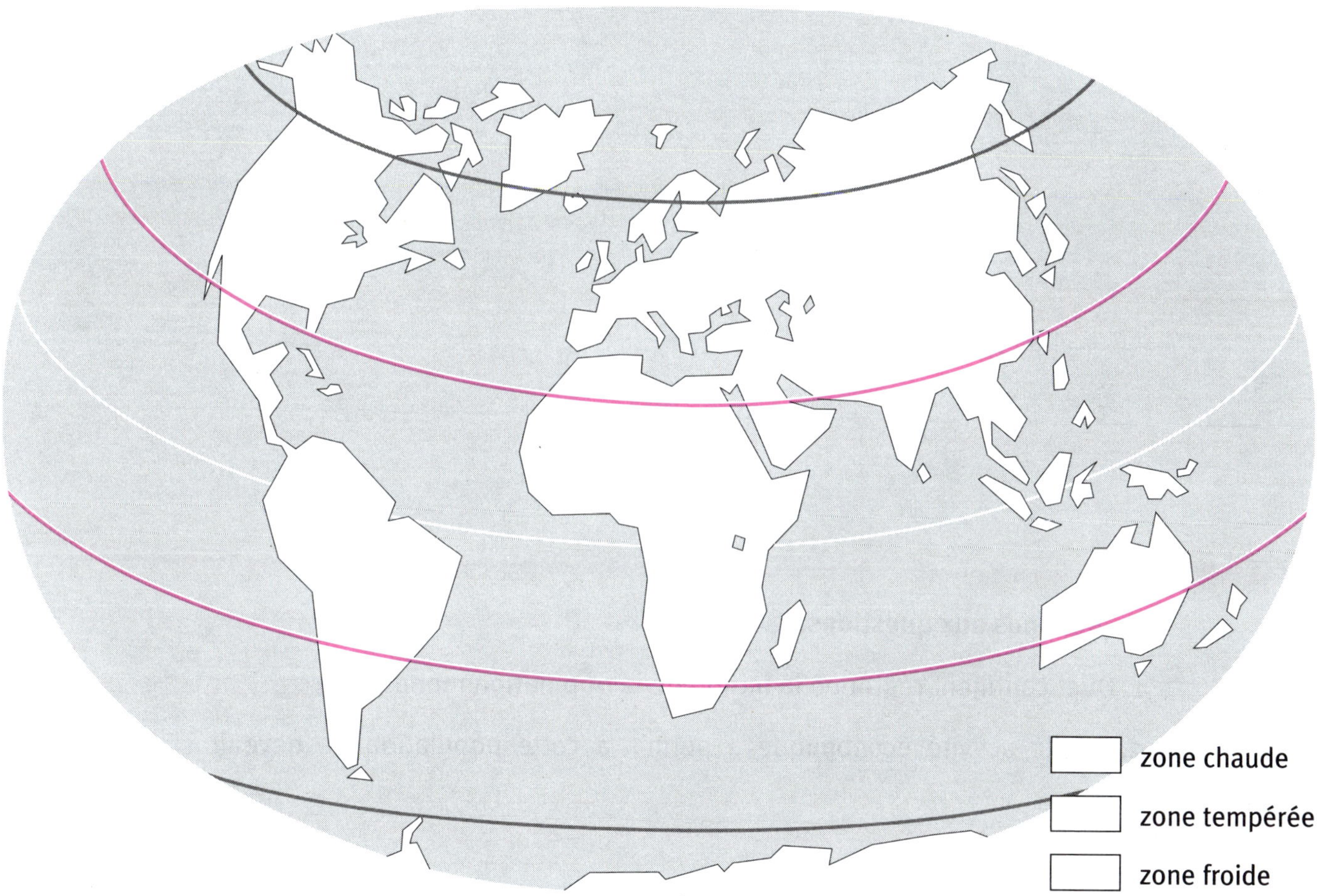

C | **Explique en quelques mots ce que sont les déserts.**

LEÇON 4

La répartition des hommes sur la Terre

A I Complète le planisphère.

1. Colorie en rouge les régions dans lesquelles les hommes sont les plus nombreux (ne colorie pas les océans).

2. Écris le nom des régions en choisissant dans la liste suivante :
Asie du Sud, Asie de l' Est, Europe occidentale, Amérique du Nord, Amérique du Sud.

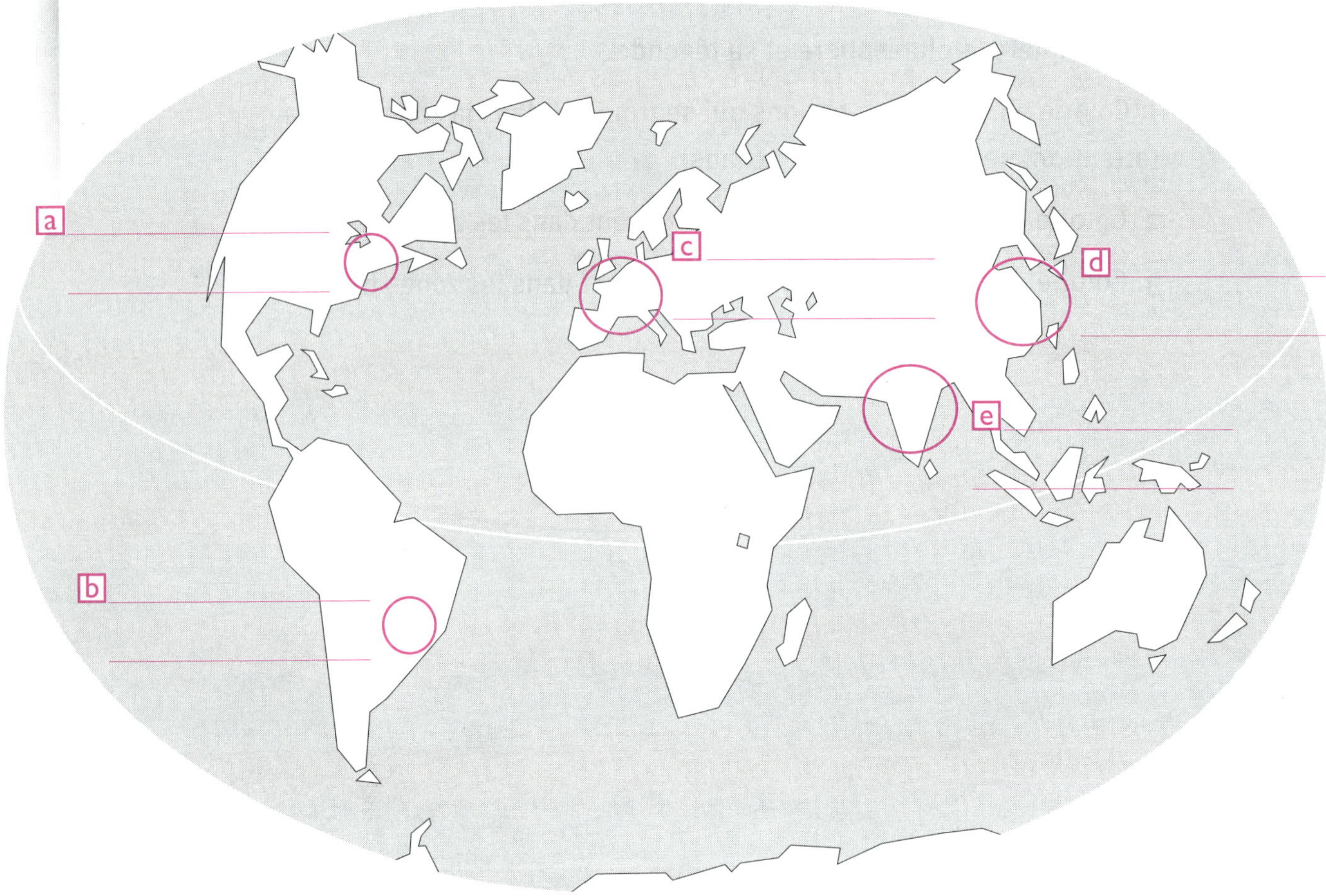

B I Réponds aux questions.

1. Quel continent regroupe la moitié de la population mondiale ? ____________________

2. Quelle activité économique a permis à cette population de devenir si nombreuse ?
____
____

3. Quelle raison naturelle explique que les hommes sont peu nombreux dans les régions polaires ? ____________________
____

4. Quelle raison historique explique que les hommes sont moins nombreux en Afrique que sur les autres continents ? ____________________
____

Vivre dans un pays riche, vivre dans un pays pauvre

A | Parmi les situations suivantes, souligne en vert celles qui correspondent aux pays riches :

1. Les champs fertiles produisent en quantité des céréales, des fruits et des légumes.
2. Les usines sont rares et produisent peu.
3. Les habitants consacrent une large partie de leurs temps aux loisirs.
4. On trouve en quantité des écoles, des hôpitaux et des moyens de transport.
5. Les inégalités sont importantes entre les riches et les pauvres.
6. De nombreux enfants ne vont pas à l'école et sont obligés de travailler.
7. Tout le monde ne mange pas à sa faim.
8. La plupart des habitants mènent une existence difficile et sont pauvres.

B | Parmi les situations précédentes, souligne en bleu celles qui correspondent aux pays pauvres (certaines phrases sont valables pour les pays riches et pour les pays pauvres).

C | Explique avec tes propres mots ce qu'est un bidonville.

____

____

____

D | Lis le texte et réponds aux questions.

> Alex est né dans un bidonville au Brésil. À 7 ans, il a quitté l'école pour nettoyer les voitures dans la rue. Le soir, il rentrait chez lui et remettait à sa mère les sous ainsi gagnés.
> À 9 ans, il est allé vendre des bonbons dans le centre de la ville. L'éloignement et les difficultés de transport l'ont souvent empêché de rentrer chez lui et il a commencé à vivre dans la rue.
>
> D'après la Lettre de la Fédération internationale de la Ligue des droits de l'homme, mai 1995

1. Dans quel pays Alex vit-il ? ______________________________

____

2. À quel âge a-t-il commencé à travailler ?

____

3. Quels petits métiers a-t-il exercé ?

____

____

____

4. Pourquoi ne rentre-t-il plus chez lui le soir ? ______________________________

____

5. Où dort-il ? ______________________________

____

2

GÉOGRAPHIE

Les paysages français

LEÇON 1 De l'image à la carte : les villes françaises

A I Complète la carte en écrivant au bon endroit le nom des villes suivantes : *Marseille, Nantes, Paris, Rouen, Lyon, Lille, Toulouse, Bordeaux, Nice, Strasbourg, Grenoble.*

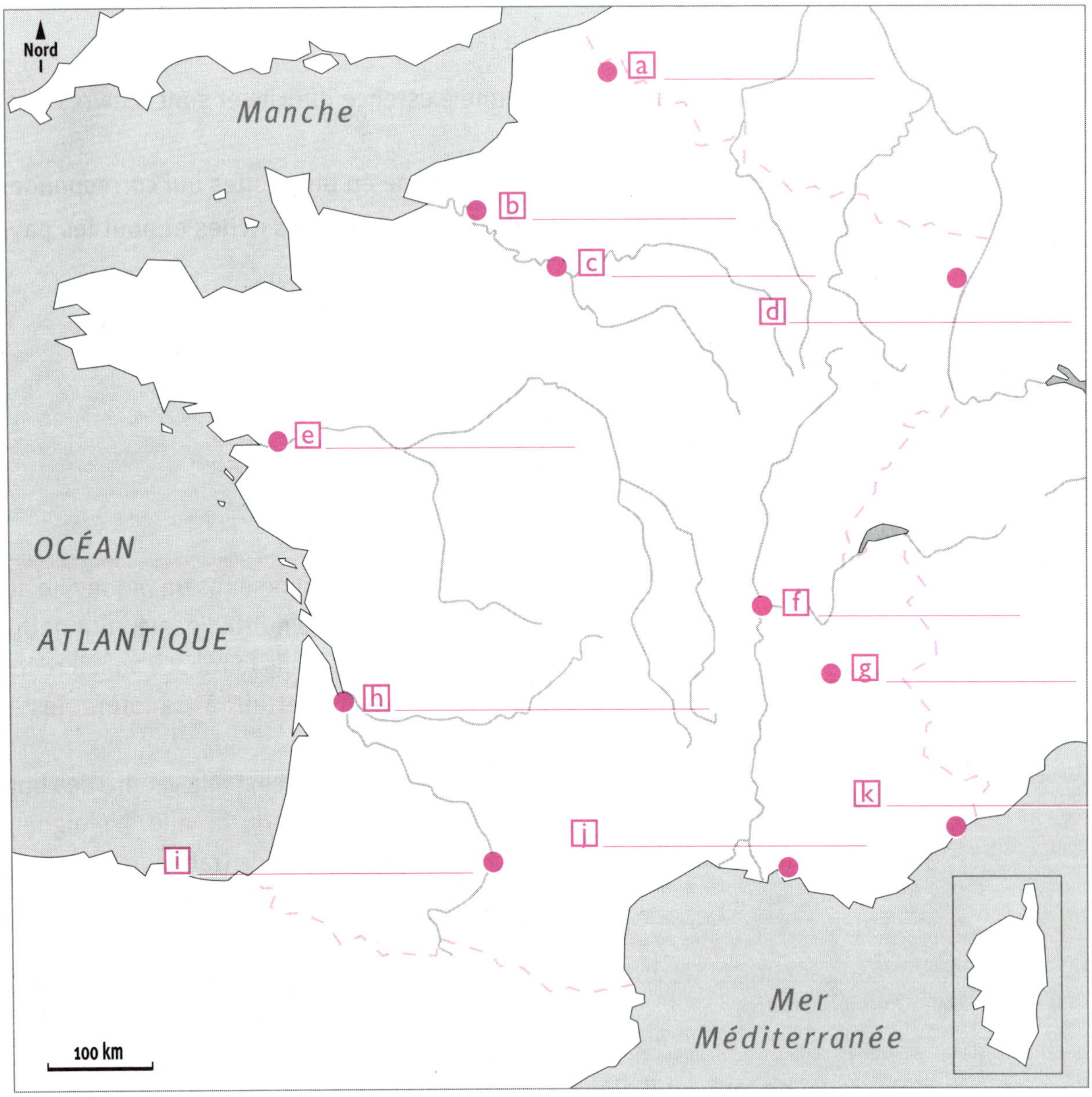

B I Entoure en vert la capitale de la France.

C I Souligne en vert le nom des trois autres plus grandes villes de France.

D I Place la ville la plus proche de chez toi en dessinant un point et écris son nom.

LEÇON 2

Les quartiers d'habitation

A I Écris son nom sous chaque bâtiment, en choisissant dans la liste suivante :
immeuble ancien, lotissement, barre, pavillon, tour.

a ______________________

b ______________________

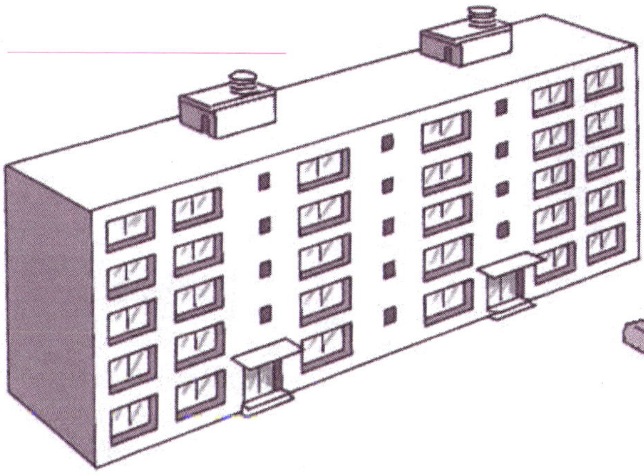

c ______________________

d ______________________

e ______________________

B I Entoure en rouge les habitats collectifs et en bleu les habitats individuels.

C I Sur le texte ci-contre :

1. Souligne en bleu les défauts des grands ensembles liés à une mauvaise conception des lieux.

2. Souligne en vert les défauts liés au grand nombre d'habitants ou au mauvais entretien.

> Les grands ensembles collectionnent les défauts : longs couloirs et escaliers bruyants, vide-ordures perpétuellement bouchés, empilement des logements, rareté des espaces verts... Certains sont mal entretenus : les détritus jonchent le sol, les façades se dégradent, les réparations ne sont pas effectuées.
>
> D'après Libération, 24 juin 1993.

D I Décris ton habitation en utilisant les mots : *ancien* ou *moderne*, *collectif* ou *individuel*.

LEÇON 3

Les quartiers du travail

A I Écris son nom sous chaque paysage du travail, en choisissant dans la liste suivante : *quartier d'affaires, usine ancienne, bureaux anciens, zone industrielle.*

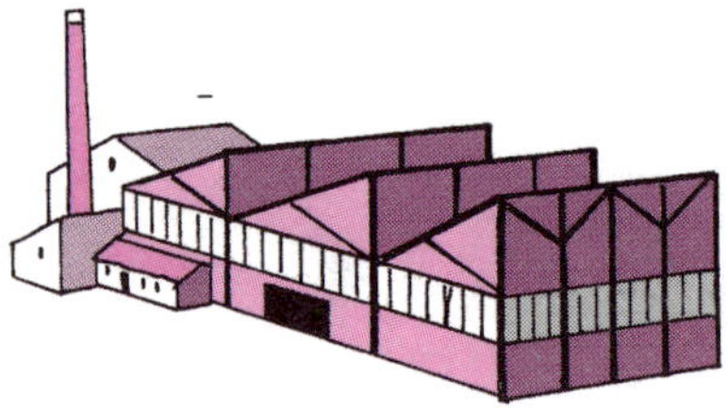

a ____________________

b ____________________

c ____________________

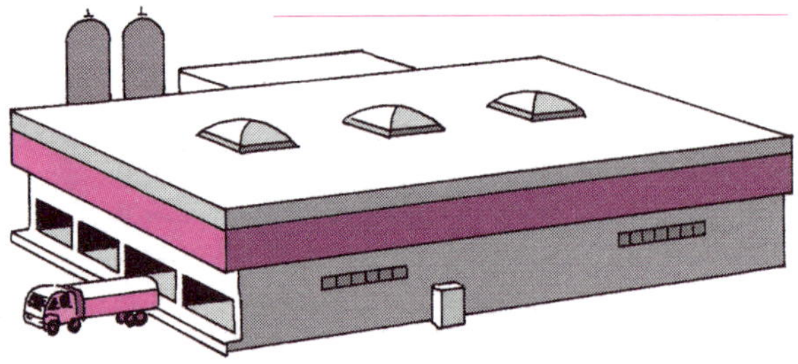

d ____________________

B I Entoure en bleu les quartiers modernes et en vert les quartiers anciens.

C I Relie chaque quartier aux types d'activités que l'on y trouve.

	• une usine textile
un quartier d'affaires •	• une banque
une zone industrielle •	• une fabrique de papier
	• une agence de conseil en informatique

D I Cite deux inconvénients dus à la présence d'usines dans certains quartiers d'habitation.

– ____________________

– ____________________

E I Trouve dans ton manuel un quartier d'affaires moderne et décris-le.

L'échelle des cartes : de la carte au plan

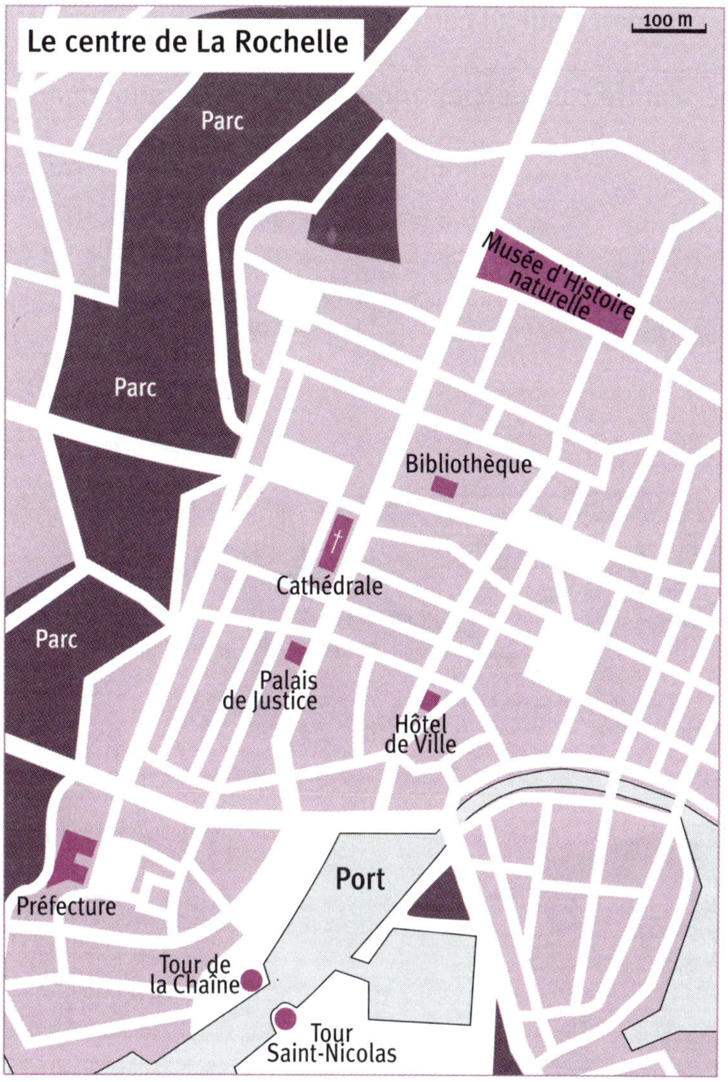

A | À l'aide de l'échelle sur la carte, complète le tableau.

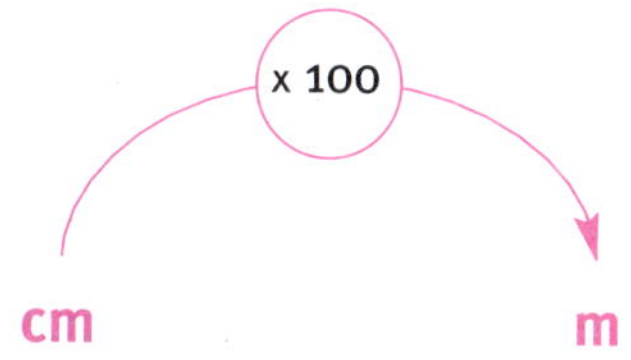

Carte	Réalité
1 cm	100 m
2 cm	200 m
3 cm	
4 cm	
	500 m
	600 m
7 cm	
8 cm	
	900 m
	1 km

B | À l'aide de l'échelle, mesure les distances suivantes sur la carte puis calcule ce que cela représente dans la réalité.

1. La distance entre la Préfecture et l'Hôtel de Ville à vol d'oiseau :

sur la carte : ____________ donc dans la réalité : ____________

2. La distance entre la Tour de la Chaîne et le Palais de Justice à vol d'oiseau :

sur la carte : ____________ donc dans la réalité : ____________

3. La distance entre la Préfecture et le Musée d'histoire naturelle à vol d'oiseau :

sur la carte : ____________ donc dans la réalité : ____________

4. La longueur du Musée d'histoire naturelle :

sur la carte : ____________ donc dans la réalité : ____________

5 Les paysages du commerce

A | Relie chaque nom au commerce qui lui correspond.

grand magasin | marché | centre commercial | zone commerciale | supermarché | boutique

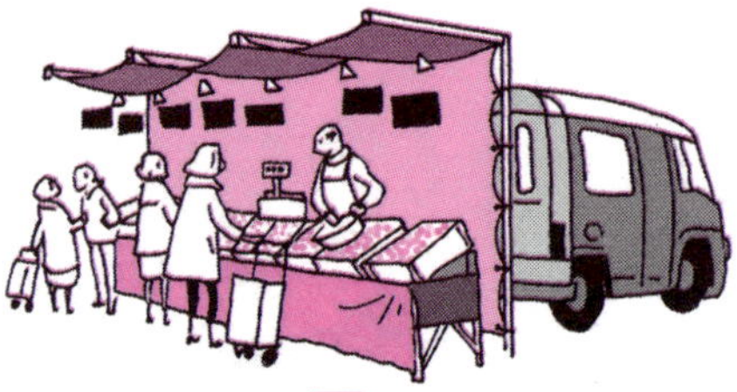

a

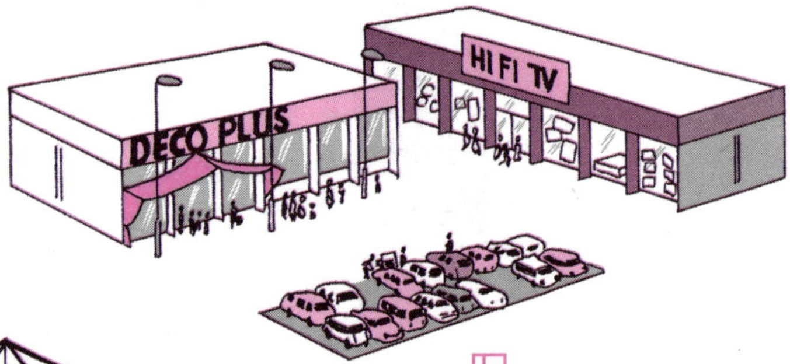

b

c

d

e

f

B | Entoure en rouge les lettres correspondant aux commerces spécialisés et en bleu celles correspondant aux commerces qui proposent des produits de toutes sortes.

C | Nomme à chaque fois le type de commerce qui correspond le mieux à l'avantage cité.

1. Elles sont nombreuses en ville : ______________________

2. On y trouve un grand choix de produits alimentaires : ______________________

3. Elle regroupe un hypermarché et de grandes surfaces spécialisées : ______________________

____

D | Choisis un paysage du commerce proche de chez toi et décris-le.

____

____

____

____

LEÇON 6

Les loisirs et la culture

A I Écris son nom sous chaque bâtiment ou équipement :
square, musée, bibliothèque, université, théâtre, stade, cinéma.

a ______________________

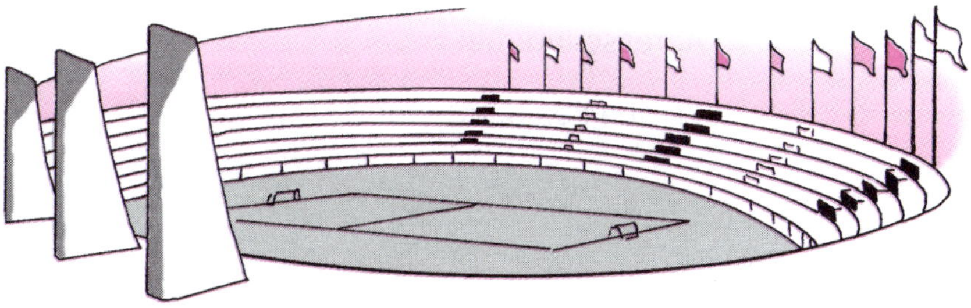

b ______________________

c ______________________

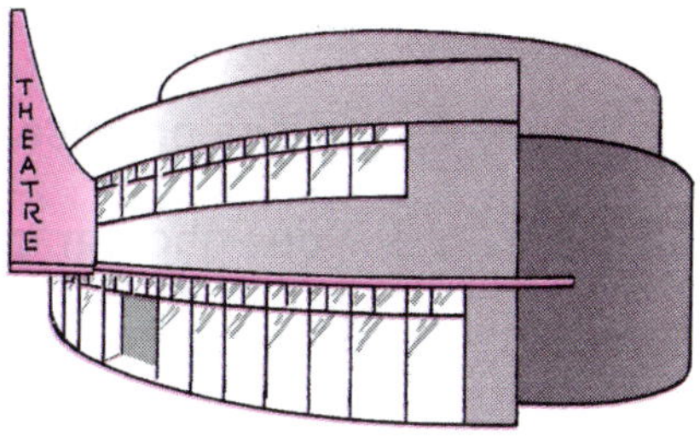

d ______________________

e ______________________

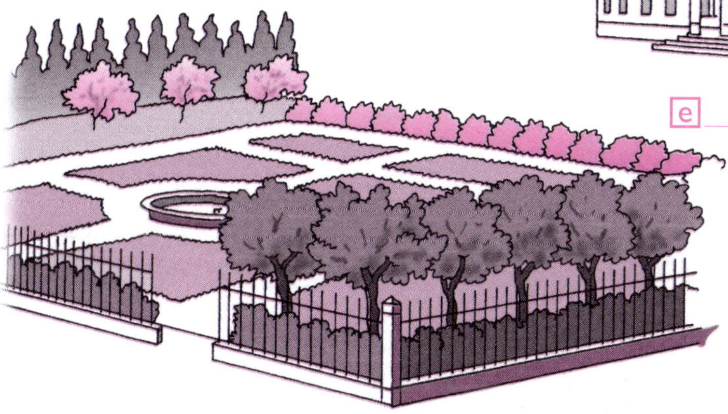

f ______________________

g ______________________

B I Relie chaque infrastructure à sa fonction.

une bibliothèque •	• pratiquer un sport, assister à un match
un stade •	• suivre des études, se former à un métier
un théâtre •	• lire des livres, trouver de la documentation
une université •	• se promener, courir, jouer
un musée •	• voir des œuvres d'art, des expositions
un cinéma •	• voir des films
un square •	• assister à des spectacles

C | Internet : dans un moteur de recherche, tape *+visite +virtuelle* et valide. Dans la liste qui t'est proposée, choisis un monument ou un musée et visite-le. Prends des notes pour remplir la fiche ci-dessous.

Nom du monument ou musée : ______________________

Ville dans laquelle il se trouve : ______________________

Adresse Internet : ______________________

Ce que l'on peut y voir : ______________________

____

____

____

____

Ce site propose-t-il :

– des photographies ? ______________________

– des séquences animées (des films) ? ______________________

La visite se fait-elle toute seule ou t'es-tu déplacé en cliquant avec la souris ? ______________________

____

Ton avis sur le site : ______________________

____

____

____

____

LEÇON 7 Le plan et son orientation

A | Complète cette rose des vents en écrivant les directions qui manquent.

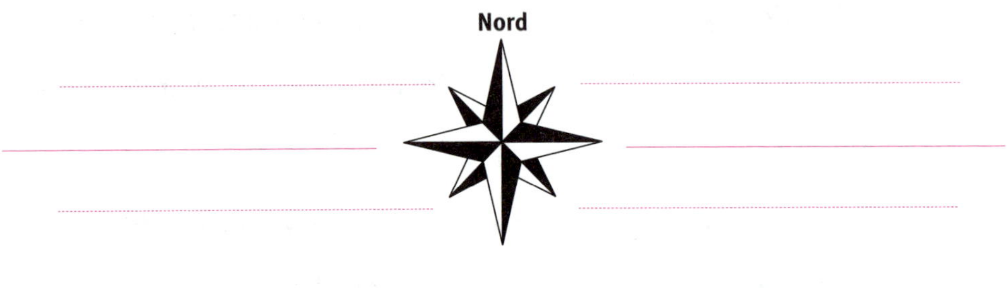

B | Colle ci-dessous une carte de l'endroit où tu habites et complète-la.

1. Donne un titre à la carte.

2. Trouve l'indication du Nord (rose des vents, flèche) et surligne-la.
Dans quelle direction le nord se trouve-t-il sur la carte ? ____________________

3. Indique par un point rouge l'endroit où tu habites.

4. Indique par une croix rouge l'endroit où se trouve l'école.

5. Trouve l'échelle et surligne-la.

Quelle est la distance, à vol d'oiseau, entre ta maison et l'école ?

sur la carte : ________ donc dans la réalité : ________

6. Trace d'un trait continu le trajet que tu effectues pour aller de la maison à l'école.

7. Nomme quelques-unes des rues par lesquelles tu passes : ____________________

____

____

Titre : ____________________________

Je colle ici une carte ou un plan

de ma ville,

de mon quartier,

de ma région

LEÇON 8 LEÇON 9

Le centre-ville

A I Souligne la bonne réponse à chaque fois.

Le centre-ville est souvent le quartier le plus *(ancien/récent)* de la ville. On y trouve des *(rues piétonnes/autoroutes)*, des *(lotissement/immeubles d'habitation)*, des *(bureaux/usines)*, des *(boutiques/zones d'activité commerciale)*, des *(équipements culturels/aéroports)* et parfois des *(monuments historiques/champs)*.

B I Place ces bâtiments et équipements que l'on trouve en centre-ville dans le tableau.

théâtre, maisons individuelles, église, préfecture, boutiques, immeubles collectifs, musée, bureaux, supermarchés, marchés, temple, mosquée, mairie, bibliothèque, salle de sport, synagogue, commissariat de police, centres d'affaires, square.

Habitations	
Paysages du travail	
Commerces	
Bâtiments administratifs	
Bâtiment religieux	
Espaces de loisirs et espaces culturels	

C I Cite deux nuisances dont souffrent les centres-villes.

–

–

D I Nomme et décris le centre-ville le plus proche de chez toi.

LEÇON 10

La périphérie des villes

A | **Parmi les phrases suivantes, souligne celle qui expliquent le développement des banlieues.**

1. Les loyers sont moins chers qu'en centre-ville.
2. L'espace disponible permet de construire de nouveaux lotissements.
3. Les fleuves sont moins larges que dans le centre-ville.
4. Les zones industrielles et les zones d'activités commerciales ont la place de s'étendre.
5. Les familles préfèrent habiter dans des grands ensembles.
6. Grâce aux autoroutes et aux voies de chemin de fer, on peut habiter loin de son travail.
7. La pollution et le bruit sont moins importants à la périphérie qu'en centre-ville.

B | **Indique où tu choisirais d'installer une usine (écris U), une épicerie (E) et un lotissement (L) dans ce paysage, puis justifie tes choix.**

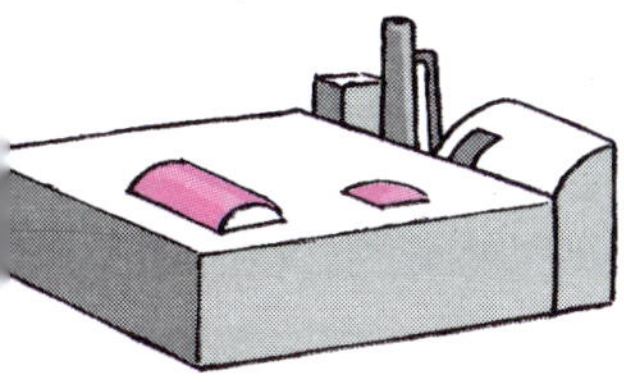

1. Usine : ____

____

____

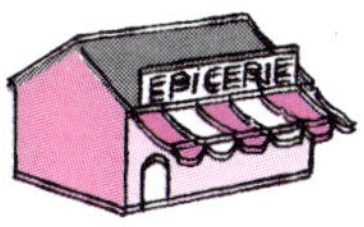

2. Épicerie : ____

____

____

3. Lotissement : ____

____

____

11 Le plan et sa légende

Colle ci-dessous une carte de la ville la plus proche de chez toi et établis-en la légende.

Titre : ____________________

Je colle ici une carte ou un plan

de ma ville,

de mon quartier

Les couleurs

☐	____________________
☐	____________________
☐	____________________
☐	____________________
☐	____________________
☐	____________________
☐	____________________
☐	____________________

Les symboles

____
____
____
____
____
____
____
____

LEÇON 12 Les zones périurbaines

A | Parmi les quartiers, les bâtiments et les équipements suivants :

1. Souligne en vert les paysages de la zone périurbaine.

2. Souligne en bleu ceux de la périphérie des villes
(certains paysages peuvent être soulignés plusieurs fois).

3. Souligne en rouge ceux du centre-ville.

un square	*une rue piétonne*	*un embranchement d'autoroute*
une usine	*un grand ensemble*	*un lotissement dans un village*
un marché	*une zone industrielle*	*une zone d'activité commerciale*
un supermarché	*un parc d'attractions*	*un grand complexe sportif*
une mairie	*un magasin de jouets*	*un grand centre commercial*

Dans des villages situés à 20 ou 30 km d'une ville et qui connaissaient, parfois depuis un siècle, la dépopulation, la population a recommencé à augmenter. Les « nouveaux ruraux » travaillent en ville et habitent à la campagne. Plusieurs facteurs expliquent ce choix : d'une part, l'utilisation de l'automobile dans les déplacements quotidiens de liaison entre le domicile et le lieu de travail ; d'autre part, le moindre coût du logement en fonction de l'éloignement des centres villes ; s'y ajoute pour certains, la recherche d'une « qualité de vie ».

D'après F. Damette et J. Scheibling, La France, permanences et mutations, Hachette, 1998

B | Lis le texte et réponds aux questions.

1. Quels sont les auteurs de ce texte ? ______________________________

2. Quand l'ouvrage dont il est extrait a-t-il été publié ?

3. Où se situent les villages qui connaissent un accroissement de la population ? ______________________________

4. Où les « nouveaux ruraux » travaillent-ils ? ______________________________

5. Où vivent-ils ? ______________________________

6. Que cherchaient-ils quand ils se sont installés loin des centres-villes ? ______________________________

7. Quel progrès technique rend cette situation possible ? ______________________________

8. À ton avis, quels changements leur présence entraîne-t-elle dans les villages périurbains ?

LEÇON 13

Les villes nouvelles

A l Explique en quelques lignes ce qu'est une ville nouvelle.

B l Fais des recherches et souligne, parmi ces villes, celles qui sont des villes nouvelles.

Créteil	*Paris*	*L' Isle-d' Abeau*
Lyon	*Évry*	*Lille*
Marseille	*Sénart*	*Saint-Quentin-en-Yvelines*
Villeneuve d Ascq	*Marne-la-Vallée*	*Cergy-Pontoise*

C l Dessine le quartier d'une ville nouvelle tel que tu l'aimerais, en pensant à y mettre tout ce dont tu as besoin dans ta vie quotidienne.

LEÇON 14

Les transports

A | Parmi ces moyens de transports :

1. Barre ceux qui ne sont pas des moyens de transports en commun.

2. Souligne ceux qui permettent de se déplacer à l'intérieur d'une ville et de sa périphérie.

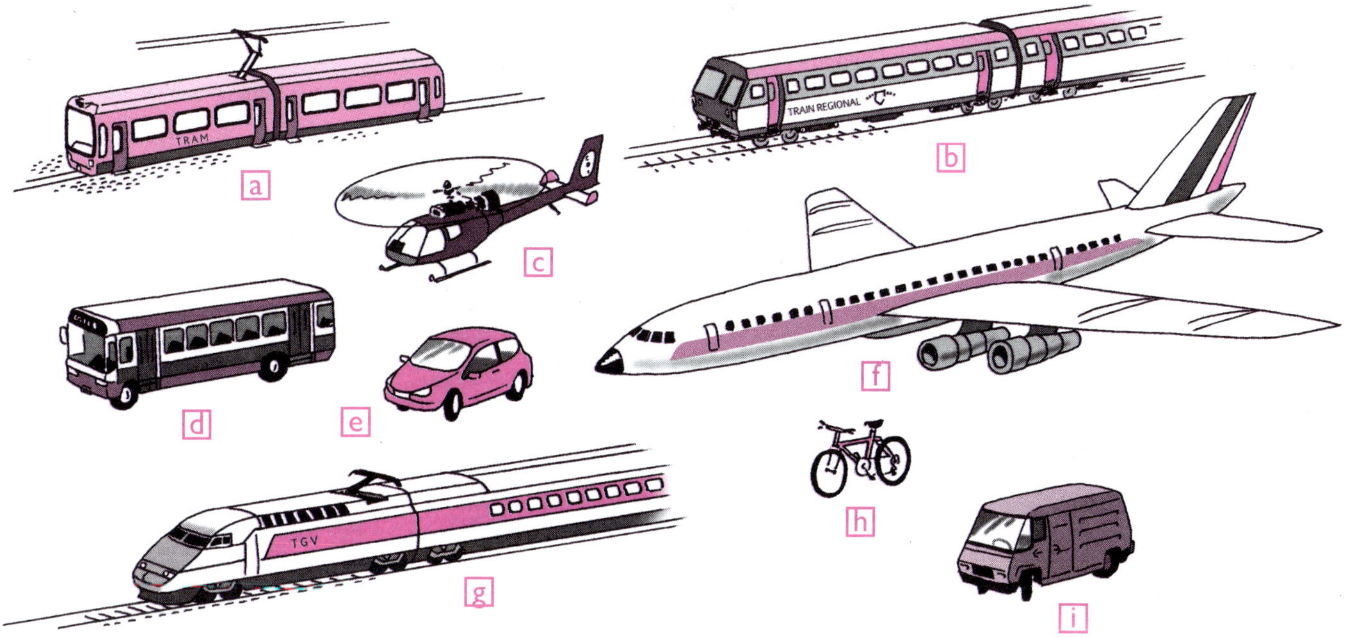

B | Travaille sur le plan des transports urbains de la ville la plus proche de chez toi.

1. Comment s'appelle la ville ? ____________________

2. Où se trouve le nord ? ____________________

3. Quelle est l'échelle (écris-la ou mesure-la et reproduis-la) ? ____________________

____

4. Quels transports en commun trouve-t-on dans cette ville ? ____________________

____

____

5. Décris le trajet que tu ferais pour aller de ____________ à ____________ en transports en commun (nomme les moyens de transport, leur nom ou leur numéro, les directions, les changements). ____________________

____

____

____

____

____

LEÇON 15 Les régions agricoles

A l Parmi ces éléments, souligne ceux qui font partie du paysage rural.

un champ	*un opéra*	*un centre d'affaires*
un bois	*un chemin*	*un centre commercial*
une ferme	*un boulevard*	*une ville*
une forêt	*une vigne*	*un verger*

B l Écris son nom sous chaque paysage : *openfield, bocage* **ou** *verger.*

a ______________

b ______________

c ______________

C l Complète la carte des paysages ruraux page 51.

1. Colorie en vert les régions de bocage.
2. Colorie en jaune les régions d'openfield.
3. Colorie en rouge les régions de cultures délicates (n'oublie pas la Corse !).
4. Complète la légende.
5. Écris au bon endroit le nom des régions suivantes :

Bretagne, Bassin parisien, Midi, Corse, Bassin aquitain, Massif Central, Nord, Alsace.

D l Complète le tableau en écrivant le nom des paysages agricoles que ces fleuves traversent, de leur source à la mer.

	La Seine	La Loire
De sa source...	______________	______________
	______________	______________
	______________	______________
... à la mer	______________	______________

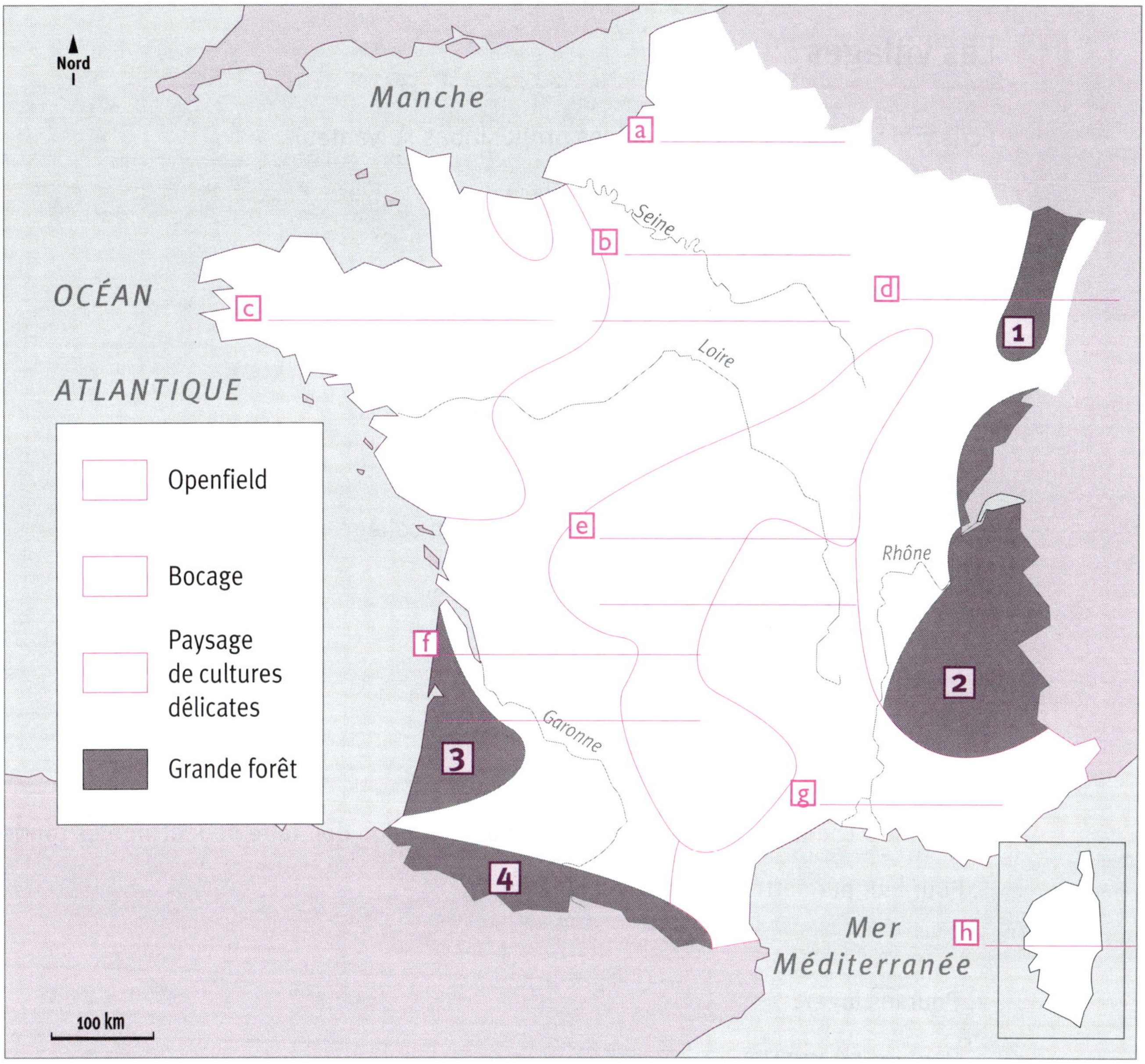

LEÇON

16 Les forêts

A | À quel chiffre sur la carte correspond chacune des forêts suivantes :

forêt des Alpes : ______ *forêt des Vosges :* ______

forêt des Pyrénées : ______ *forêt des Landes :* ______

B | Réponds aux questions.

1. Quelle grande forêt française est artificielle ? ______

2. Quel arbre y trouve-t-on en grande quantité ? ______

3. Nomme deux indices qui te permettent de savoir si une forêt est aménagée par les hommes.

– ______

– ______

LEÇON 18 Les villages

Écris vrai ou faux après chacune des propositions suivantes.

1. On ne trouve aucun commerce dans les villages. ____________
2. La plupart des villages possèdent une mairie. ____________
3. Tous les habitants des villages sont des agriculteurs. ____________
4. Tous les villages possèdent au moins un cinéma. ____________
5. Dans les villages, on ne trouve aucune maison neuve. ____________
6. La plupart des villages possèdent une église. ____________
7. Dans chaque village, on trouve une école et un collège. ____________
8. De nombreux villages possèdent des hôpitaux. ____________

LEÇON 19 Le tourisme rural

A | Donne à chaque fois un exemple de ce qu'une région doit faire pour attirer les touristes.

1. Pour leur permettre de venir dans la région : ____________
2. Pour les loger : ____________
3. Pour les nourrir : ____________
4. Pour leur permettre de faire du sport : ____________
5. Pour leur vendre les produits artisanaux régionaux : ____________
6. Pour rendre l'environnement agréable : ____________
7. Pour leur permettre d'apprécier le patrimoine historique : ____________

B | Cite trois métiers auxquels ces aménagements touristiques fournissent du travail.

– ____________

– ____________

– ____________

LEÇON 20

La carte routière

A | Sur la carte ci-dessous :

1. Trace en vert le chemin de Luché-Pringé au Mans en passant par des départementales.
2. Trace en bleu le chemin de Luché-Pringé au Mans en passant par la nationale.
3. Trace en rouge le chemin pour aller de Luché-Pringé vers Paris par l'autoroute.

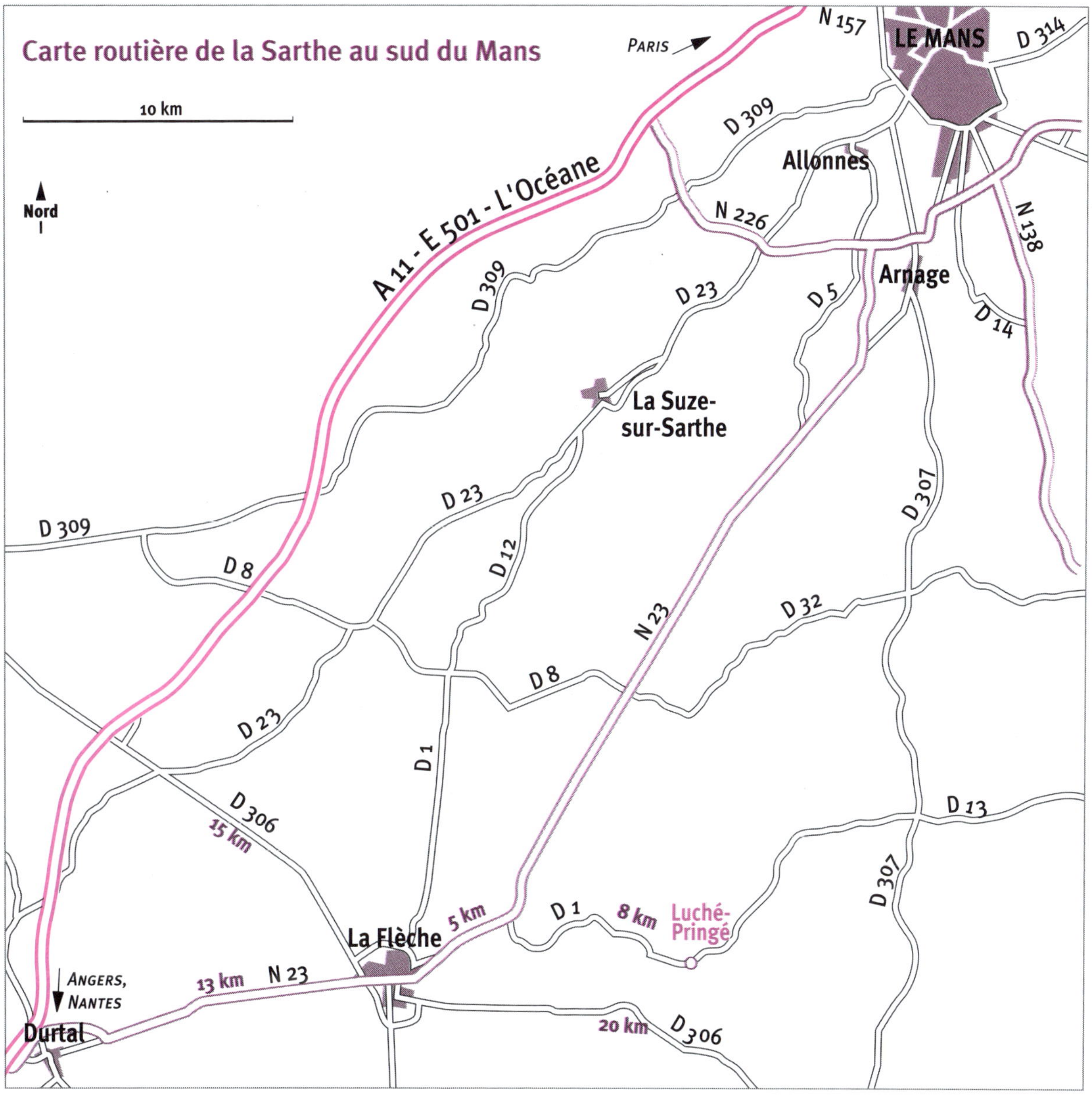

B | Complète la légende de cette carte.

LÉGENDE

- ________
- ________
- ________
- Zone urbaine

C | Quelle est la distance à vol d'oiseau entre Luché-Pringé et Le Mans ? ________

D | Quelle est la distance par la route entre Luché-Pringé et l'autoroute ? ________

LEÇON

21 La montagne en hiver

A | Parmi ces raisons, souligne celles qui expliquent que la vie en montagne est rude.

1. Les températures sont parfois très basses.
2. Des animaux sauvages attaquent parfois les villageois.
3. Les hommes logent dans des abris sous roche et chassent pour se nourrir.
4. En hiver, les routes sont verglacées, ce qui rend les déplacements difficiles.
5. Les avalanches constituent un véritable danger.
6. Les maisons construites sur les pentes risquent de glisser dans les vallées.
7. Franchir les montagnes pour aller dans d'autres régions n'est pas toujours facile.

B | Explique en quelques lignes pourquoi les villages de montagne sont installés dans les vallées et non sur les sommets.

____

____

____

____

C | Sous chacun de ces équipements, écris son nom ou explique à quoi il sert.

a ______________________

b ______________________

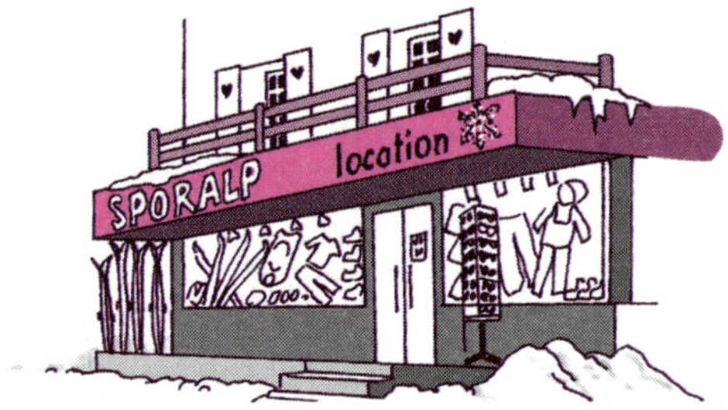

c ______________________

d ______________________

e ______________________

f ______________________

g ______________________

LEÇON 22 La montagne en été

A | Complète le schéma en dessinant les éléments au bon endroit en fonction de l'altitude.

1. Dessine dans la vallée, un village, une route et des champs.
2. Dessine au-dessus une forêt.
3. Puis dessine les alpages (prairies herbeuses d'altitude).
4. En haut, dessine les rochers nus puis les neiges permanentes.

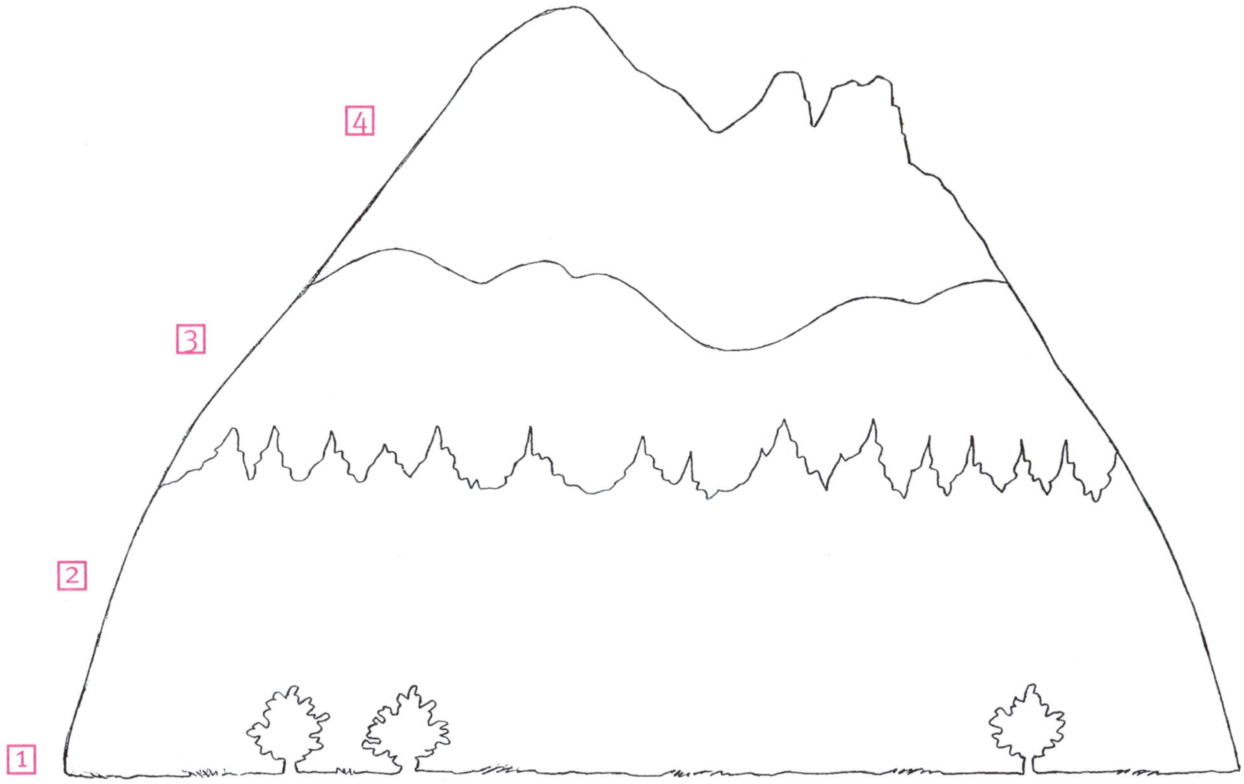

B | Souligne en vert les équipements qui sont utilisés en été et en bleu ceux qui sont utilisés en hiver (certains peuvent servir en hiver et en été).

les téléphériques	*les sentiers de randonnées balisés*
les pistes de ski	*les gares de chemin de fer*
les écoles d'escalade	*les refuges en montagne*
les locations de VTT	*les plages aménagées au bord des lacs*
les logements touristiques	*les campings*

C | Écris ce que tu aimerais faire si tu passais une journée de vacances à la montagne en été.

LEÇON 23

La carte du relief

A | Complète la carte du relief.

1. Colorie les hautes montagnes en marron et les moyennes montagnes en orange.

2. Colorie en vert les plaines qui se trouvent en France.

3. Complète la légende.

4. Écris le nom des massifs montagneux (6 noms au total) et celui du plus haut sommet.

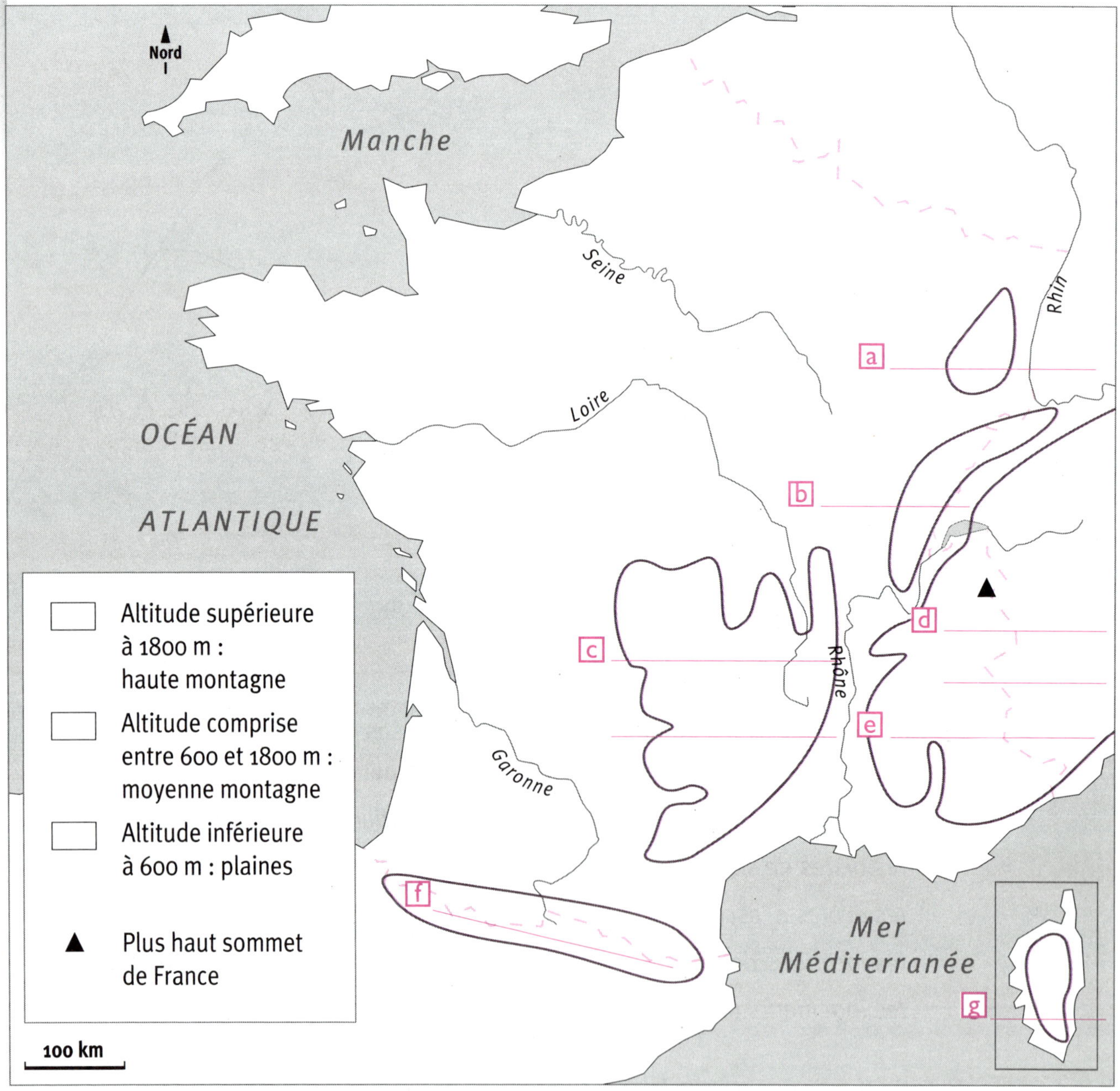

B | Réponds aux questions.

1. Dans quel massif montagneux la Loire prend-elle sa source ? ____________________

____

2. Quels massifs montagneux peut-on voir d'un bateau qui descend le Rhône ? ____________________

____

LEÇON 24

Les littoraux touristiques

A | Écris sous chacun de ces dessins le type de côte, en choisissant dans la liste suivante : ***côte à falaises, côte à rochers, côte sableuse.***

a ______________________

b ______________________

c ______________________

B | Complète la carte des littoraux.

1. Repasse en jaune les côtes sableuses.
2. Repasse en vert les côtes à falaises.
3. Repasse en rouge les côtes à rochers.
4. Complète la légende.
5. Écris le nom des mers et océan qui bordent la France.

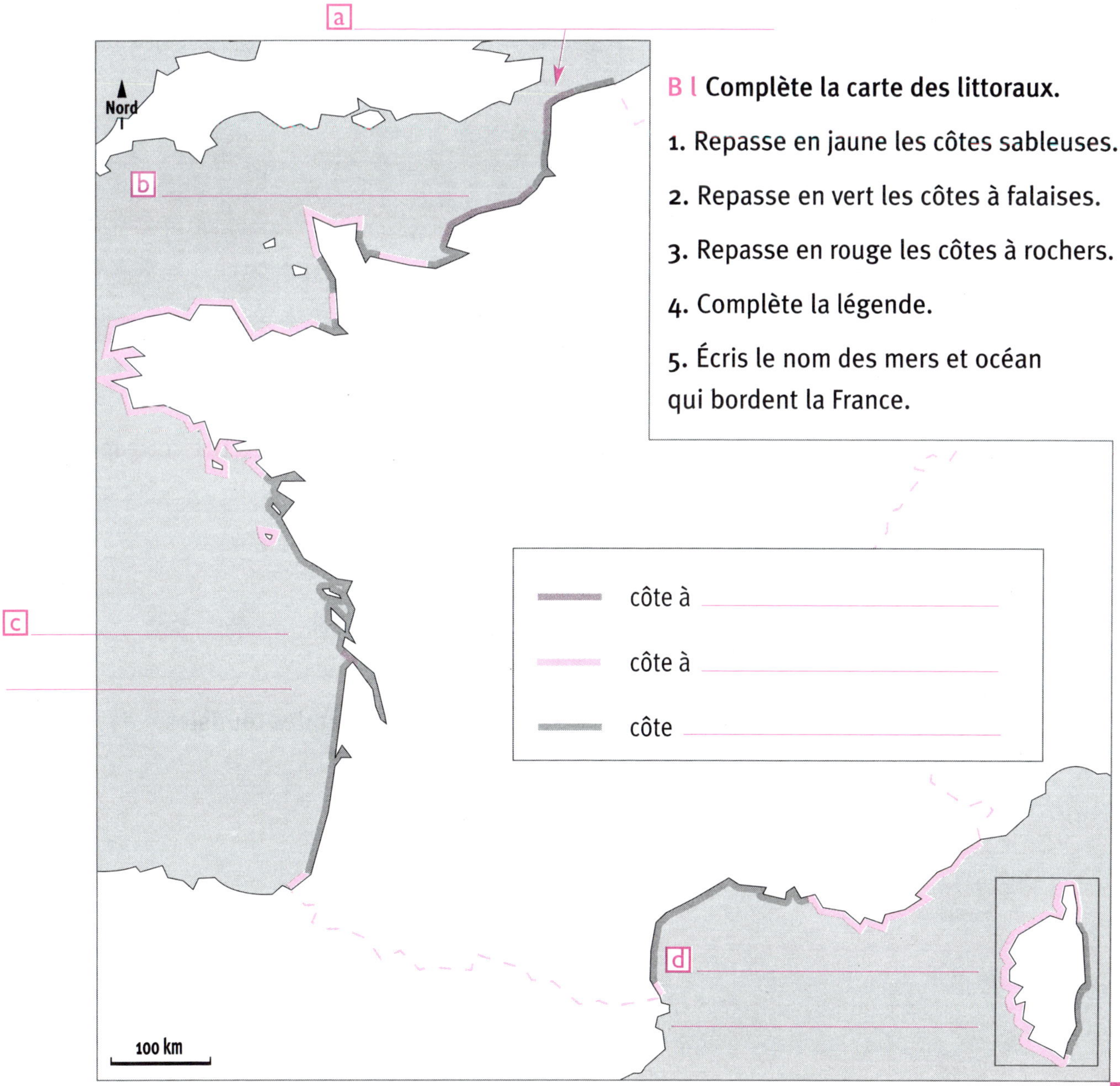

C | En t'aidant d'un dictionnaire, écris la définition de *station balnéaire*.

D | Fais des recherches et écris sur quelle mer se trouvent ces stations balnéaires.

1. Le Touquet :
2. Dinard :
3. La Baule :
4. Biarritz :
5. Cannes :

E | Installe une nouvelle station balnéaire.

a

b

c

1. Choisis un lieu parmi ces trois paysages littoraux : entoure la lettre correspondante.
2. Justifie ton choix.
3. Décris ce que tu vas y faire et y installer pour le confort des touristes.

LEÇON 25

Les littoraux de la pêche et du commerce

A | Parmi ces équipements, entoure en vert ceux que l'on trouve dans un port de pêche et en bleu ceux que l'on trouve dans un port de commerce.

a

b

c

d

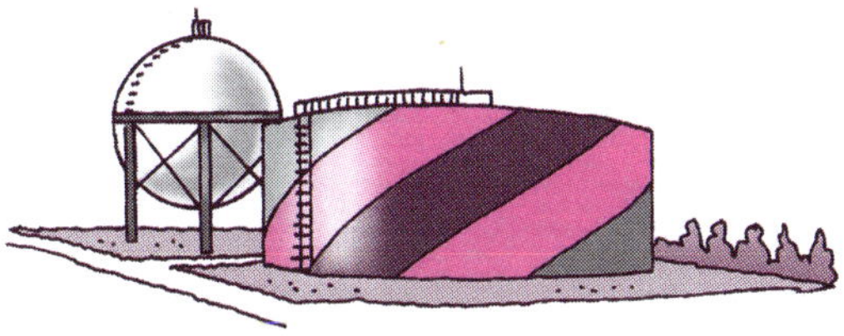

e

f

g

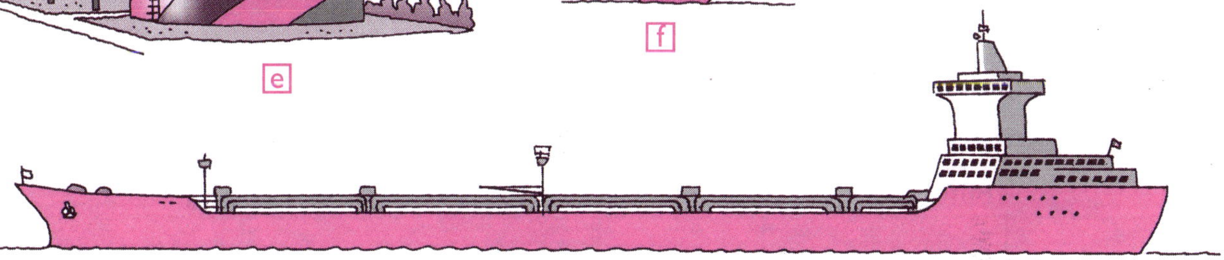

B | Cherche sur une carte et complète le tableau.

Port	Port de pêche	Port de commerce	Mer ou océan sur lequel il se trouve
Boulogne/mer	X		Mer du Nord
Le Havre			
Marseille			
Concarneau			
Saint-Nazaire			
Dunkerque			
Lorient			
La Rochelle			
Le Guilvinec			

La France d'outre-mer

A | À l'aide d'un atlas, complète le tableau avec les départements et territoires d'outre-mer.

Lieu	Départements ou territoires d'outre-mer
Océan Pacifique	____________
____________	Mayotte, ____________
Océan Atlantique	____________
Antarctique	____________

B | Écris sous chaque paysage le nom d'un département ou territoire d'outre-mer auquel il pourrait appartenir (n'utilise pas deux fois le même nom).

a ____________

b ____________

c ____________